改訂版

5時間で合格!

漢検[超頻出]ドリル 準2級

岡野秀夫 著

高橋書店

5時間で合格! 漢検準2級[超頻出]ドリル 改訂版

もくじ

●本書の特長と使い方……4
●漢字検定の受検ガイド……6
●出題傾向と学習のポイント……8

自分の弱点をチェック!
弱点を分析!

弱点発見テスト……10
弱点発見テスト 標準解答……18
弱点発見シート……20

1時間目

■読み……22
■同音・同訓異字……32
■熟語の構成……34
■対義語・類義語……36
■送りがな……40
■四字熟語……42
■誤字訂正……46
■書き取り……48

2時間目

■読み……56
■部首……66
■同音・同訓異字……68
■熟語の構成……70
■対義語・類義語……74
■四字熟語……78
■誤字訂正……80
■書き取り……82

3時間目

■読み……90
■部首……100
■熟語の構成……102
■対義語・類義語……104
■送りがな……108
■四字熟語……110
■誤字訂正……112
■書き取り……114

4時間目

■読み……122
■部首……130
■同音・同訓異字……132
■熟語の構成……134
■対義語・類義語……138
■四字熟語……142
■誤字訂正……144
■書き取り……148

5時間目

■模擬テスト……156
■標準解答……164

補習授業①

■新出配当漢字対策……168

補習授業②

■四字熟語[出る順]ランキング……190
■部首[出る順]ランキング……196

総まとめ 赤シート対応

コラム

■部首の意味……54
■特別な読み方……88
■熟語パズル……120
■熟語パズル……154
■熟語パズル……166

編集協力 文研ユニオン シーティーイー 鷗来堂

と使い方

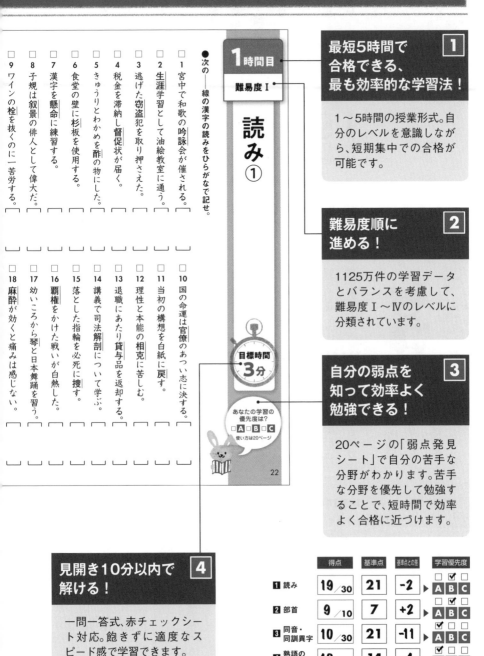

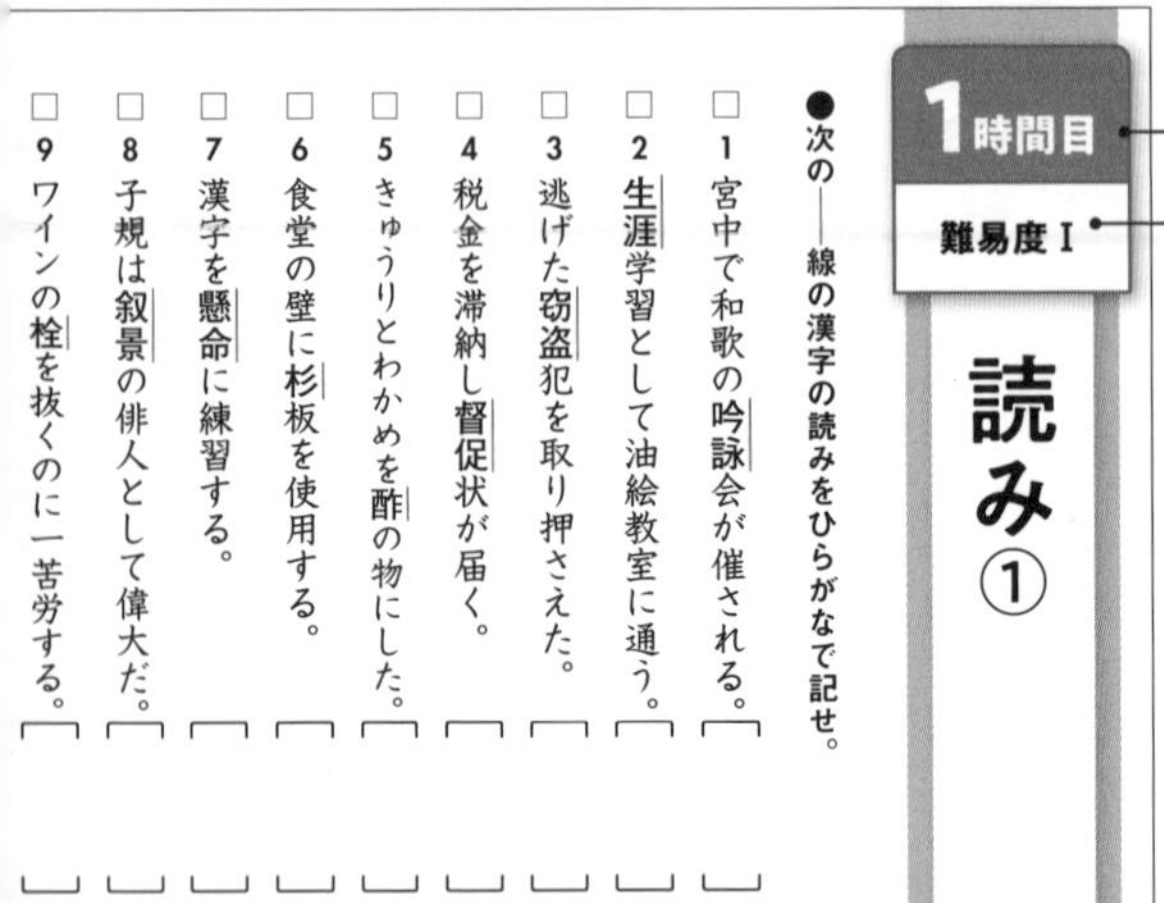

最短5時間で合格できる、最も効率的な学習法！ 1

1～5時間の授業形式。自分のレベルを意識しながら、短期集中での合格が可能です。

難易度順に進める！ 2

1125万件の学習データとバランスを考慮して、難易度Ⅰ～Ⅳのレベルに分類されています。

自分の弱点を知って効率よく勉強できる！ 3

20ページの「弱点発見シート」で自分の苦手な分野がわかります。苦手な分野を優先して勉強することで、短時間で効率よく合格に近づけます。

見開き10分以内で解ける！ 4

一問一答式、赤チェックシート対応。飽きずに適度なスピード感で学習できます。

	得点	基準点	基準点との差	学習優先度
1 読み	19/30	21	-2	□A ☑B □C
2 部首	9/10	7	+2	□A ☑B □C
3 同音・同訓異字	10/30	21	-11	☑A □B □C
4 熟語の構成	10/20	14	-4	☑A □B □C

本書の特長

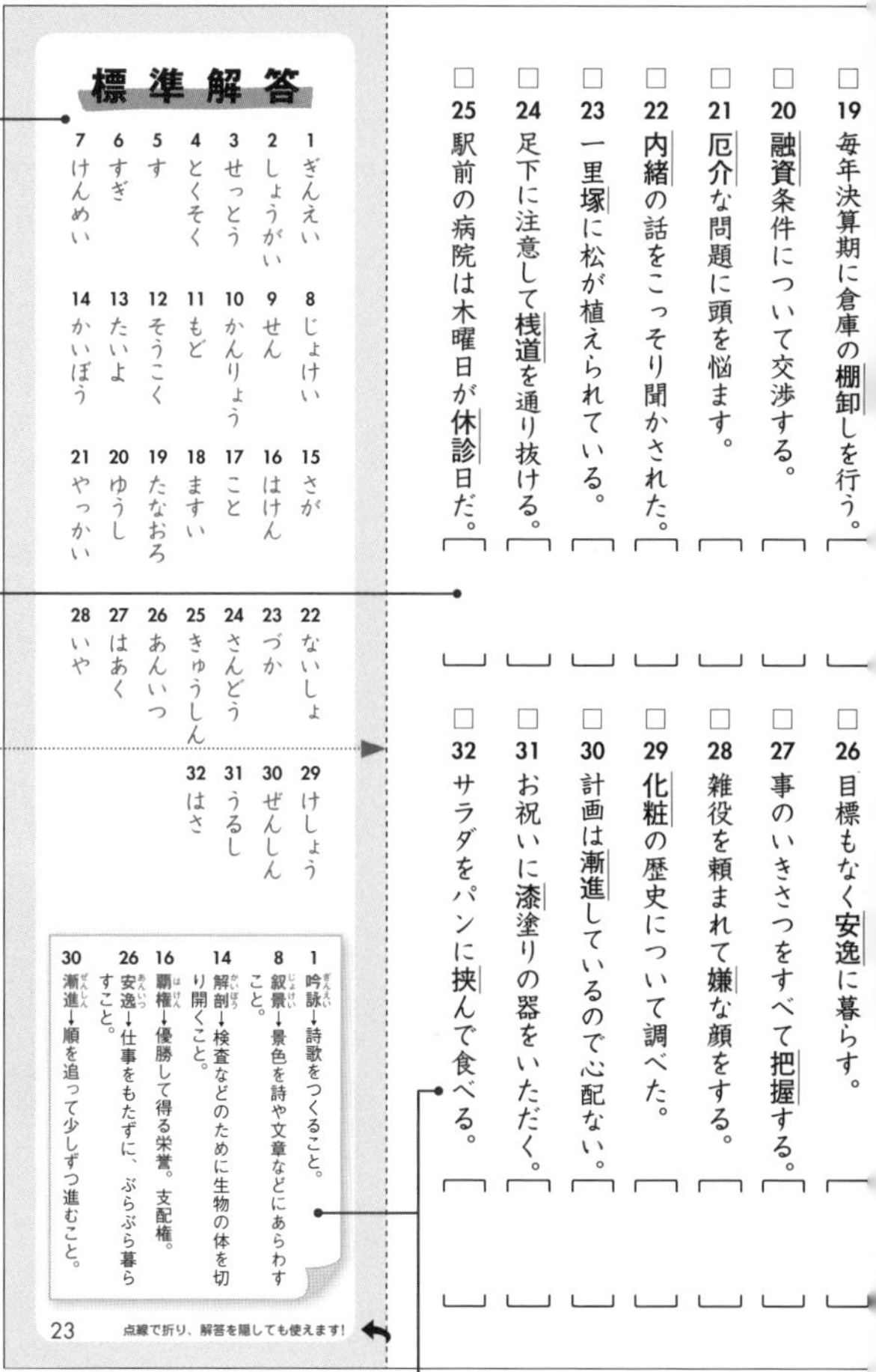

標準解答

1 ぎんえい
2 しょうがい
3 せっとう
4 とくそく
5 す
6 すぎ
7 けんめい
8 じょけい
9 せん
10 かんりょう
11 もど
12 そうこく
13 たいよ
14 かいぼう
15 さが
16 はけん
17 こと
18 ますい
19 たなおろ
20 ゆうし
21 やっかい
22 ないしょ
23 づか
24 さんどう
25 きゅうしん
26 あんいつ
27 はあく
28 いや
29 けしょう
30 ぜんしん
31 うるし
32 はさ

1 吟詠《ぎんえい》→詩歌をつくること。
8 叙景《じょけい》→景色を詩や文章などにあらわすこと。
14 解剖《かいぼう》→検査などのために生物の体を切り開くこと。
16 覇権《はけん》→優勝して得る栄誉。支配権。
26 安逸《あんいつ》→仕事をもたずに、ぶらぶら暮らすこと。
30 漸進《ぜんしん》→順を追って少しずつ進むこと。

23　点線で折り、解答を隠しても使えます！

□ 19 毎年決算期に倉庫の棚卸しを行う。
□ 20 融資条件について交渉する。
□ 21 厄介な問題に頭を悩ます。
□ 22 内緒の話をこっそり聞かされた。
□ 23 一里塚に松が植えられている。
□ 24 足下に注意して桟道を通り抜ける。
□ 25 駅前の病院は木曜日が休診日だ。

□ 26 目標もなく安逸に暮らす。
□ 27 事のいきさつをすべて把握する。
□ 28 雑役を頼まれて嫌な顔をする。
□ 29 化粧の歴史について調べた。
□ 30 計画は漸進しているので心配ない。
□ 31 お祝いに漆塗りの器をいただく。
□ 32 サラダをパンに挟んで食べる。

書き込んでも、チェックシートでも！ 6

「答えをしっかり書きたい人」「書くのは面倒なので赤シートで答えを隠しながら学習したい人」のどちらにも対応。また、解答部分を折って隠しても使えます！

巻末スピードチェックも充実！ 7

巻末には「補習授業」を収録。さらに合格を確実なものにしたい人のための「新出配当漢字対策」と、試験直前に使える「[出る順]ランキング」の２部構成です。

合格に必要な“頻出”漢字を厳選！ 5

過去10年分の試験を徹底分析し、頻出している約2500問を収録!! 解説も充実。

漢字検定の受検ガイド

出題内容

級＼内容	読み	書き取り	部首	送りがな	対義語・類義語	同音・同訓異字	誤字訂正	四字熟語	熟語の構成
2級	対象漢字数：**2136**字（すべての常用漢字）								
準2級	対象漢字数：**1951**字（常用漢字）								
3級	対象漢字数：**1623**字（常用漢字）								

申し込み方法

インターネット

協会のホームページ（https://www.kanken.or.jp/）から申し込むことができます。クレジットカード決済、コンビニ決済などが可能です。

出題内容や
実施要項は
変更される場合
もあります。
ホームページ
などで必ず
確認しましょう！

実施要項

1 受検資格

希望者はだれでも受検することができます。志願者が一定以上まとまる場合は、団体申し込みが可能です。

2 受検申し込み期間

- 受付期間内（検定の約3か月前～1か月前まで）に協会に届くようにします。
- 申し込み後の受検希望級の変更や受検会場の変更、受検料の返金はできません。

3 検定実施時期

原則として年3回実施されます。

- 第1回　6月中の日曜日
- 第2回　10月中の日曜日
- 第3回　翌年の1月もしくは2月中の日曜日

※漢検CBTは、検定日に限らず実施されています。

4 検定実施会場

全国主要都市で行なわれています。実施地区は検定の回ごとに決定されます。

5 検定時間

60分

※検定時間が異なれば、2つ以上の級を受検することができます。

6 検定当日の注意事項

- 持参するもの…受検票、鉛筆（HB、B、2Bの鉛筆またはシャープペンシル）、消しゴム。ボールペン、万年筆は使用不可。
- 当日は、開始15分前には会場に入場する。

7 合格基準

- 2級……200点満点のおよそ80％（160点前後）
- 準2級…200点満点のおよそ70％（140点前後）
- 3級……200点満点のおよそ70％（140点前後）

8 合否通知

検定日の約40日後に、合格者には合格証書と合格証明書、受検者全員に検定結果通知が郵送されます。

▼試験についての問い合わせ先

公益財団法人 日本漢字能力検定協会
〒605-0074　京都市東山区祇園町南側551番地
ホームページ　https://www.kanken.or.jp/
フリーダイヤル　0120-509-315（無料）

※実施要項、申し込み方法などは変わる場合があります。
※出題分野・内容等は変わる場合があります。
※実際に出題された内容は『漢検 過去問題集』（公益財団法人 日本漢字能力検定協会発行）を参照ください。
※本書記載の内容は制作時点のものです。受検される際は、必ずご自身で公益財団法人 日本漢字能力検定協会の発表する最新情報をご確認ください。

出題傾向と学習のポイント

ジャンル	配点	出題内容と傾向	学習のポイント
読み	30点（1点×30問）	●小学校で習う漢字で、その読みを中学校で習うものについても出題される	●準2級新出配当漢字だけでなく、中学・高校で習う読みのある漢字についても確認しておこう ●熟字訓・当て字についても必ず読めるようにすることが大切
部首	10点（1点×10問）	●準2級新出配当漢字（328字）からの出題が多い ●易しい漢字でも判別しにくい部首の漢字が出題されやすい	●判別しにくい部首の漢字は、まとめて覚えておこう ●部首名は出題されないが、部首と部首名をセットで覚えると暗記しやすくなる
熟語の構成	20点（2点×10問）	●二字熟語の意味の理解度が問われる ●準2級新出配当漢字からの出題が多い	●二字熟語の意味だけでなく、漢字一字の意味も覚えておこう ●熟語を、出題される5パターンに分類するくせをつけよう
四字熟語	30点（2点×15問）	●四字熟語のうちの一字を書く問題が10問出題される ●典拠のある四字熟語の出題が多い	●四字熟語のうちの一字を書く問題が出題されるが、四字すべてを書けるようにしておこう ●意味も出題されることがあるので、四字熟語の書き取りと連動して意味を覚えることが大切

出題内容などは変更される場合もあります。ホームページなどで必ず確認しましょう!

対義語・類義語	20点 （2点×10問）	●ひらがなの選択肢から、対応する語を選んで漢字に直す問題 ●対義語5問、類義語5問が出題される	●練習問題を解きながら、熟語の意味も覚えておこう ●対義語・類義語はひとつとは限らないので、漢字そのものの意味を確認しておくことも役立つ
同音・同訓異字	20点 （2点×10問）	●2つの短文中、同じ読みのカタカナに当てはまる漢字を書く問題 ●2つの漢字のうち、1つは準2級新出配当漢字からの出題となることが多い	●同音・同訓異字は字形が似ているもの（諭・輸・愉など）も多いので、しっかりと区別しておこう ●漢字それぞれの意味の違いを知り、熟語と連動させて覚えておこう
誤字訂正	10点 （2点×5問）	●短文中の二字熟語のうち、一字を訂正する問題が多い ●短文の長さは30〜35字	●「誤字訂正」は、同音・同訓異字の漢字の誤りを見つけて正すということを覚えておこう ●何気なく短文を読んだだけでは誤りを見逃しやすいので、文中の漢字一字一字をチェックしよう
送りがな	10点 （2点×5問）	●短文中のカタカナを漢字一字と送りがなに直す問題 ●4級新出配当漢字からの出題が中心になる	●語幹の長い漢字（「陥れる」など）や複数の読みがある漢字をチェックしよう
書き取り	50点 （2点×25問）	●熟字訓や当て字も出題される	●字形の似ている漢字（「徹と撤」など）はしっかり区別して書けるようにしておこう ●読みだけでなく、問題文の意味をつかむことも必要 ●配点が高い分野なので、しっかり準備しておこう

弱点発見テスト

まず、弱点発見テストを解いてみよう。
各分野の得点を分野ごとに書き込み、
20ページで自分の弱点を分析！

※実際の試験形式と異なる場合があります。実力チェック用としてお使いください。

総合点　／200

1 読み

次の——線の漢字の読みをひらがなで記せ。

1 よく熟れた果物は甘みが強い。［　］
2 入院を渋る父を何とか説得した。［　］
3 権威ある学者に討論を挑んだ。［　］
4 二年連続で大会の覇者となる。［　］
5 異文化も受け入れる土壌がある。［　］
6 問答を繰り返し人心を洞察する。［　］
7 政治献金の自粛をうながす。［　］
8 読書に渇して図書館に出向く。［　］
9 この世の道理を懇々と諭した。［　］
10 この株式は、最近人気の銘柄だ。［　］
11 靴擦れの痛みを我慢して出勤した。［　］
12 その仕事は新人には酷だ。［　］
13 たび重なる問題発言で更迭された。［　］
14 情状を酌量し刑期を短くした。［　］
15 会社の定款は経営の基本方針だ。［　］
16 城の周りに堀を巡らせる。［　］

各1点×30　／30

□ 17 但し書きまで注意深く読む。［　］
□ 18 虫形の擬似えさで川魚を釣る。［　］
□ 19 強風で花の茎が折れた。［　］
□ 20 学級委員長に薦められた。［　］
□ 21 囚人が脱走したニュースに驚く。［　］
□ 22 教授の功績は受章に値する。［　］
□ 23 十分に任に堪えうる力量だ。［　］
□ 24 選ばれた貴族だけが宮廷に入る。［　］
□ 25 魚は川の自浄作用で生息できる。［　］
□ 26 艦長は乗組員の安全に努める。［　］
□ 27 浦で魚釣りを楽しむ。［　］
□ 28 研磨した大理石を玄関に敷いた。［　］
□ 29 外食ばかりでは栄養が偏る。［　］
□ 30 晩酌のつまみに刺身を出す。［　］

2 部首

次の漢字の部首を記せ。

各1点×10　／10

〈例〉菜［艹］　間［門］

□ 1 妥［　］
□ 2 翻［　］
□ 3 軟［　］
□ 4 鬼［　］
□ 5 麗［　］
□ 6 耗［　］
□ 7 蛍［　］
□ 8 帥［　］
□ 9 革［　］
□ 10 呉［　］

3 熟語の構成

熟語の構成のしかたには、次のようなものがある。

ア 同じような意味の字を重ねたもの （例 岩石）
イ 反対または対応の意味を表す字を重ねたもの （例 高低）
ウ 上の字が下の字を修飾しているもの （例 洋画）
エ 下の字が上の字の目的語・補語になっているもの （例 着席）
オ 上の字が下の字の意味を打ち消しているもの （例 非常）

次の熟語は上のア～オのどれに当たるか、一つ選んで記号を記せ。

各2点×10 ／20

□ 1 長幼 〔 〕
□ 2 慶弔 〔 〕
□ 3 土壌 〔 〕
□ 4 淑女 〔 〕
□ 5 打撲 〔 〕
□ 6 枢要 〔 〕
□ 7 憂愁 〔 〕
□ 8 巧拙 〔 〕
□ 9 硝煙 〔 〕
□ 10 廃刊 〔 〕

4 四字熟語

次の四字熟語について、問1と問2に答えよ。

各2点×15　／30

問1 次の□内のひらがなを漢字にして□に入れ、四字熟語を完成させよ。□内のひらがなは一度だけ使い、一字記せ。

□ 1 ア 優勝□敗
□ 2 イ 前□洋洋
□ 3 ウ 愛別□苦
□ 4 エ 同□異夢
□ 5 オ 生殺□奪
□ 6 カ 深謀遠□
□ 7 キ 七転八□
□ 8 ク □名返上
□ 9 ケ 竜頭蛇□
□ 10 コ 天下□免

お・ご・しょう・と・とう・び・よ・り・りょ・れっ

問2 次の11〜15の意味に当てはまるものを問1のア〜コの四字熟語から一つ選び記号で記せ。

11 最初の勢いが、最後まで続かないこと。〔　　〕
12 仲間でも意見や目的が違うこと。〔　　〕
13 強者が栄え弱者が滅びること。〔　　〕
14 他のものを思い通りに支配すること。〔　　〕
15 先々のことまで考えたはかりごと。〔　　〕

5 対義語・類義語

次の□の中の語を一度だけ使って漢字に直し、対義語・類義語を記せ。

各2点×10　／20

対義語

1 一括〔　　〕
2 受諾〔　　〕
3 怠惰〔　　〕
4 絶滅〔　　〕
5 享楽〔　　〕

類義語

6 薄情〔　　〕
7 看過〔　　〕
8 留意〔　　〕
9 是認〔　　〕
10 長者〔　　〕

きょひ・きんべん・きんよく・こうてい・はいりょ・はんしょく・ふごう・ぶんかつ・もくにん・れいたん

6 同音・同訓異字

次の――線のカタカナを漢字で記せ。

各2点×10　／20

1 ジョウ成する過程に神経を使う。〔　　〕
2 過ジョウな反応は避けたい。〔　　〕

3 音楽業界にセン風を巻き起こした。〔　　〕
4 本で読んだ教えを実センしてみる。〔　　〕

5 セイ約書を期日までに提出する。〔　　〕
6 笛の合図で一セイにスタートした。〔　　〕

7 購入した製品に欠カンが見つかる。〔　　〕
8 作品の仕上げに落カンを入れた。〔　　〕

9 げたを初めてハくので歩きづらい。〔　　〕
10 積もった落ち葉をほうきでハく。〔　　〕

7 誤字訂正

次の各文に間違って使われている同じ読みの漢字が一字ある。上に誤字を、下に正しい漢字を記せ。

各2点×5

／10

□ 1 市では環境に配慮して所有建築物の壁面や屋上の緑化に努めている。
［　］→［　］

□ 2 定植から約一年、淡精を込めて栽培管理をした花が庭に咲き誇っている。
［　］→［　］

□ 3 価格を決定するには、物の受要と供給の関係の均衡が非常に大切である。
［　］→［　］

□ 4 政府は金融危機回避のため、急激な物価上昇を抑勢する計画を作成した。
［　］→［　］

□ 5 知人から熱帯魚を譲り受け、飼育に必要な道具を専門店で買いそろえた。
［　］→［　］

8 送りがな

次の——線のカタカナを漢字一字と送りがな（ひらがな）に直せ。

各2点×5　／10

〈例〉問題にコタエル。［答える］

1 心にフクムところがあるらしい。［　］

2 アザヤカな色の服を好む。［　］

3 緊張で手足ががたがたフルエル。［　］

4 不遇にもクサラず努力を続けた。［　］

5 食費のシメル割合が大きい。［　］

9 書き取り

次の——線のカタカナを漢字に直せ。

各2点×25　／50

1 会費を千円ずつチョウシュウする。［　］

2 ホソウされていない道路を進む。［　］

3 物音にビンカンに反応した。［　］

4 書類の提出期限が明日にセマる。［　］

5 アリバイを証明しギワクを晴らす。［　］

6 命令にソムいて怒りを買う。［　］

7 ジショウ画家だが本業は医師だ。［　］

8 何よりも健康にコしたことはない。［　］

9 茶葉の栽培がサカんな地域に住む。［　］

10 残念ながらイヤな予感が的中する。［　］

□ 11 モッパら昆虫の生態を研究する。［　　］

□ 12 劇的な勝利でカンルイにむせんだ。［　　］

□ 13 失敗続きでカタミがせまい。［　　］

□ 14 河原のジャリで子供が遊んでいる。［　　］

□ 15 広場でボンオドりの練習を行う。［　　］

□ 16 ウジガミを祭るやしろを掃除した。［　　］

□ 17 ムナサワぎを覚え落ちつかない。［　　］

□ 18 合成ジュシの発明は実に画期的だ。［　　］

□ 19 地盤の工事で道路をヘイサした。［　　］

□ 20 酒のつまみは郷土のチンミだ。［　　］

□ 21 タタミに寝転がって休息をとる。［　　］

□ 22 深呼吸して不安をヤワらげる。［　　］

□ 23 野鳥のさえずりに耳をスませる。［　　］

□ 24 大学入学に心をハズませる。［　　］

□ 25 旅に出て各地の景勝地をメグる。［　　］

弱点発見テスト 標準解答

1 読み

各1点×30

1	2	3	4	5	6	7	8	9	10
う	しぶ	いど	はしゃ	どじょう	どうさつ	じしゅく	かっ	こんこん	めいがら

11	12	13	14	15	16	17	18	19	20
くつず	こく	こうてつ	しゃくりょう	ていかん	ほり	ただ	ぎじ	くき	すす

21	22	23	24	25	26	27	28	29	30
しゅうじん	あたい	た	きゅうてい	じじょう	かんちょう	うら	けんま	かたよ	ばんしゃく

2 部首

各1点×10

1	2	3	4	5	6	7	8	9	10
女	羽	車	鬼	鹿	耒	虫	巾	革	口

3 熟語の構成

各2点×10

1	2	3	4	5	6	7	8	9	10
イ	イ	ア	ウ	ア	ア	ア	イ	ウ	エ

きちんと
答え合わせをして、
自分の得点を
計算しよう。

4 四字熟語　各2点×15

問1

1	2	3	4	5	6	7	8	9	10
劣	途	離	床	与	慮	倒	汚	尾	御

問2

11	12	13	14	15
ケ	エ	ア	オ	カ

5 対義語・類義語　各2点×10

1	2	3	4	5	6	7	8	9	10
分割	拒否	勤勉	繁殖	禁欲	冷淡	黙認	配慮	肯定	富豪

6 同音・同訓異字　各2点×10

1	2	3	4	5	6	7	8	9	10
醸	剰	旋	践	誓	斉	陥	款	履	掃

7 誤字訂正　各2点×5

1	2	3	4	5
虜→慮	淡→丹	受→需	勢→制	嗣→飼

8 送りがな　各2点×5

1	2	3	4	5
含む	鮮やか	震える	腐ら	占める

9 書き取り　各2点×25

1	2	3	4	5	6	7	8	9	10	11	12	13
徴収	舗装	敏感	迫	疑惑	背	自称	越	盛	嫌	専	感涙	肩身

14	15	16	17	18	19	20	21	22	23	24	25
砂利	盆踊	氏神	胸騒	樹脂	閉鎖	珍味	畳	和	澄	弾	巡

弱点発見シート

弱点発見テストの各分野の得点を、左の表に書き込んで、弱点を分析しましょう。Aはあなたが苦手な分野で、学習優先度が最も高いことを表します。効率のよい合格を目指すなら、Aの分野から集中的に学習するのもよいでしょう。

	得点	基準点	基準点との差	学習優先度
1 読み	／30	21		□A □B □C
2 部首	／10	7		□A □B □C
3 熟語の構成	／20	14		□A □B □C
4 四字熟語	／30	21		□A □B □C
5 対義語・類義語	／20	14		□A □B □C
6 同音・同訓異字	／20	14		□A □B □C
7 誤字訂正	／10	7		□A □B □C
8 送りがな	／10	7		□A □B □C
9 書き取り	／50	35		□A □B □C

自分の得点から基準点を引いた数値が、基準点との差です。
例えば、1 読みの得点が18点なら、基準点21との差が－3となります。

基準点との差が
- －4以下の場合 → 優先度A
- －3～＋3の場合 → 優先度B
- ＋4以上の場合 → 優先度C

学習優先度がわかったら、各分野の見出し下のABCにチェックを入れておきましょう。

自分の学習優先度を書いておこう!

あなたの学習の優先度は?
□A □B □C

1 時間目

難易度 I

1時間目は、合格のためには必ず押さえて
おきたい基本問題です。
全部解けるようにしましょう。

1時間目

難易度Ⅰ

読み①

●次の――線の漢字の読みをひらがなで記せ。

□ 1 宮中で和歌の吟詠会が催される。
□ 2 生涯学習として油絵教室に通う。
□ 3 逃げた窃盗犯を取り押さえた。
□ 4 税金を滞納し督促状が届く。
□ 5 きゅうりとわかめを酢の物にした。
□ 6 食堂の壁に杉板を使用する。
□ 7 漢字を懸命に練習する。
□ 8 子規は叙景の俳人として偉大だ。
□ 9 ワインの栓を抜くのに一苦労する。
□ 10 国の命運は官僚のあつい志に決する。
□ 11 当初の構想を白紙に戻す。
□ 12 理性と本能の相克に苦しむ。
□ 13 退職にあたり貸与品を返却する。
□ 14 講義で司法解剖について学ぶ。
□ 15 落とした指輪を必死に捜す。
□ 16 覇権をかけた戦いが白熱した。
□ 17 幼いころから琴と日本舞踊を習う。
□ 18 麻酔が効くと痛みは感じない。

目標時間 3分

あなたの学習の優先度は?
□A □B □C
使い方は20ページ

□ 19 毎年決算期に倉庫の**棚卸**しを行う。［　　］

□ 20 **融資**条件について交渉する。［　　］

□ 21 **厄介**な問題に頭を悩ます。［　　］

□ 22 **内緒**の話をこっそり聞かされた。［　　］

□ 23 一里**塚**に松が植えられている。［　　］

□ 24 足下に注意して**桟道**を通り抜ける。［　　］

□ 25 駅前の病院は木曜日が**休診**日だ。［　　］

□ 26 目標もなく**安逸**に暮らす。［　　］

□ 27 事のいきさつをすべて**把握**する。［　　］

□ 28 雑役を頼まれて**嫌**な顔をする。［　　］

□ 29 **化粧**の歴史について調べた。［　　］

□ 30 計画は**漸進**しているので心配ない。［　　］

□ 31 お祝いに**漆**塗りの器をいただく。［　　］

□ 32 サラダをパンに**挟**んで食べる。［　　］

標準解答

1 ぎんえい
2 しょうがい
3 せっとう
4 とくそく
5 す
6 すぎ
7 けんめい
8 じょけい
9 せん
10 かんりょう
11 もど
12 そうこく
13 たいよ
14 かいぼう
15 さが
16 はけん
17 こと
18 ますい
19 たなおろ
20 ゆうし
21 やっかい
22 ないしょ
23 づか
24 さんどう
25 きゅうしん
26 あんいつ
27 はあく
28 いや
29 けしょう
30 ぜんしん
31 うるし
32 はさ

1 **吟詠**《ぎんえい》→詩歌をつくること。
8 **叙景**《じょけい》→景色を詩や文章などにあらわすこと。
14 **解剖**《かいぼう》→検査などのために生物の体を切り開くこと。
16 **覇権**《はけん》→優勝して得る栄誉。支配権。
26 **安逸**《あんいつ》→仕事をもたずに、ぶらぶら暮らすこと。
30 **漸進**《ぜんしん》→順を追って少しずつ進むこと。

点線で折り、解答を隠しても使えます!

1時間目

難易度Ⅰ

読み②

目標時間 3分

あなたの学習の優先度は？
□A □B □C
使い方は20ページ

●次の――線の漢字の読みをひらがなで記せ。

□ 1 重い物を落として床を傷めた。〔　〕
□ 2 竜巻が発生し各地で被害が出た。〔　〕
□ 3 川の中州で釣りを楽しむ。〔　〕
□ 4 罪を犯すと法律で処罰される。〔　〕
□ 5 真冬になると山肌は雪で真っ白だ。〔　〕
□ 6 夏祭りは庶民の楽しみのひとつだ。〔　〕
□ 7 猫の首輪に金色の鈴をつけた。〔　〕
□ 8 法律の意味を理解して遵守する。〔　〕
□ 9 冷害で多くの人々が飢えた。〔　〕
□ 10 毛虫かぶれで皮膚科を受診する。〔　〕
□ 11 万全の準備をして試験に臨む。〔　〕
□ 12 説得の末、相手の態度が軟化した。〔　〕
□ 13 親に仕送りの増額を懇願する。〔　〕
□ 14 ふろ上がりに涼しい夜風にあたる。〔　〕
□ 15 地元チームの出場で会場が沸く。〔　〕
□ 16 上質且つ安価な製品を供給する。〔　〕
□ 17 失敗に懲りて慎重になった。〔　〕
□ 18 人垣をかき分けて進む。〔　〕

□ 19 寒さで唇が震えている。

□ 20 扉を開けて訪問者を招き入れる。

□ 21 川柳は十年来の趣味だ。

□ 22 立派な塀に囲まれたお屋敷だ。

□ 23 念願の全国制覇を果たした。

□ 24 人を侮辱するにもほどがある。

□ 25 この都市は興廃を繰り返した。

□ 26 紅葉がいろどる渓谷の美は壮観だ。

□ 27 壁に向かって座禅を組む。

□ 28 ほほ笑むと八重歯がのぞく。

□ 29 為替と株の値動きは連動しやすい。

□ 30 思った以上に繊細な心の持ち主だ。

□ 31 懸賞で大型テレビが当たった。

□ 32 浄水器は家庭の必需品だ。

標準解答

1 いた
2 たつまき
3 なかす
4 おか
5 やまはだ
6 しょみん
7 すず
8 じゅんしゅ
9 う
10 じゅしん
11 のぞ
12 なんか
13 こんがん
14 すず
15 わ
16 か
17 こ
18 ひとがき
19 くちびる
20 とびら
21 せんりゅう
22 へい
23 せいは
24 ぶじょく
25 こうはい
26 そうかん
27 ざぜん
28 やえば
29 かわせ
30 せんさい
31 けんしょう
32 じょうすい

12 **軟化**《なんか》→おだやかな性質に変わること。

13 **懇願**《こんがん》→何とか聞き入れてもらうように願うこと。

26 **壮観**《そうかん》→スケールの大きなすばらしい眺め。

29 **為替**《かわせ》→手形や小切手で債権・債務を決済する方法。

点線で折り、解答を隠しても使えます!

1時間目

難易度Ⅰ

読み③

目標時間 3分

あなたの学習の優先度は?
□A □B □C
使い方は20ページ

●次の——線の漢字の読みをひらがなで記せ。

□ 1 代表チームが勝って父は上機嫌だ。

□ 2 対戦相手の試合を偵察する。

□ 3 賃貸住宅に引っ越す。

□ 4 すり傷が自然に治癒した。

□ 5 一家の安泰を祈る。

□ 6 構造上の欠陥が露呈した。

□ 7 カメが海辺で甲羅干しをする。

□ 8 不良品は廃棄処分にする。

□ 9 開業の資金集めに奔走する。

□ 10 悲壮感一杯にピアノを演奏する。

□ 11 野菜の高騰で家計が厳しい。

□ 12 度重なる失敗に軽侮の念を抱く。

□ 13 修理代金の弁償を余儀なくされた。

□ 14 不況で事業は暗礁に乗り上げた。

□ 15 杉並木で有名な街道だ。

□ 16 もちがつかえて窒息寸前だった。

□ 17 逸品ぞろいのメニューに大満足だ。

□ 18 ブラスバンドの部員に楽譜を配る。

□ 19 母を手伝って**駄賃**をもらった。

□ 20 今世紀最大と**銘打**ったマジックだ。

□ 21 魚をさばいた手が**生臭**い。

□ 22 化学**繊維**の布で窓をふく。

□ 23 監督就任の要請を強く**拒**んだ。

□ 24 内面の**苦衷**が表情にあらわれる。

□ 25 名所旧跡を**遍歴**するのが趣味だ。

□ 26 **相撲**は日本の国技だ。

□ 27 電話による勧誘を**拒絶**した。

□ 28 黒い**鉄瓶**でお湯を沸かす。

□ 29 **贈賄**の嫌疑で聴取された。

□ 30 美しい景色を一日中**眺**める。

□ 31 授業参観後の**懇談**会に参加する。

□ 32 組織で**枢要**な役割を担う。

標準解答

1 きげん
2 ていさつ
3 ちんたい
4 ちゆ
5 あんたい
6 ろてい
7 こうら
8 はいき
9 ほんそう
10 ひそう
11 こうとう
12 けいぶ
13 べんしょう
14 あんしょう
15 すぎなみき
16 ちっそく
17 いっぴん
18 がくふ
19 だちん
20 めいう
21 なまぐさ
22 せんい
23 こば
24 くちゅう
25 へんれき
26 すもう
27 きょぜつ
28 てつびん
29 ぞうわい
30 なが
31 こんだん
32 すうよう

12 **軽侮**《けいぶ》→相手を軽く見ること。
14 **暗礁**《あんしょう》→海中に隠れて見えない岩場。急な困難。
24 **苦衷**《くちゅう》→苦しい心の内。
25 **遍歴**《へんれき》→各地を回って歩くこと。
32 **枢要**《すうよう》→一番の要になっていること。

点線で折り、解答を隠しても使えます!

1時間目

難易度Ⅰ

読み④

目標時間 3分

あなたの学習の優先度は？
□A □B □C
使い方は20ページ

●次の――線の漢字の読みをひらがなで記せ。

□1 しょうがの汁を料理に使う。
□2 愉快な話を読み聞かせる。
□3 記念式典は粛然と行われた。
□4 文字が拙劣で読みにくい。
□5 昆虫を媒介して受粉する。
□6 成功の暁には皆でお祝いしよう。
□7 状況の変化を逐次報告する。
□8 功労者に文化勲章が与えられた。
□9 不始末により減俸処分になる。
□10 担任の快癒を生徒一同切に願う。
□11 梅雨前に雨傘と長靴を買いに行く。
□12 近代産業発祥の地を訪ねた。
□13 説明資料に図表を挿入した。
□14 問診票に症状の詳細を記入する。
□15 括弧の中に正解を書き込む。
□16 美術史全般を網羅している本だ。
□17 柳が川に沿って植えられている。
□18 タイヤの溝の深さを点検する。

□ 19 **鈴虫**が鳴いて秋の気配を感じる。［　　］

□ 20 社長は**寛大**な人物だ。［　　］

□ 21 泥酔し**痴態**をさらしてしまった。［　　］

□ 22 **頑固**で自説を曲げない性格だ。［　　］

□ 23 子犬が庭で**心地**よく眠っている。［　　］

□ 24 兄は**猫背**で姿勢が悪い。［　　］

□ 25 申し出を**拒否**され落ち込んだ。［　　］

□ 26 時には**冷徹**な判断も必要だ。［　　］

□ 27 **空漠**とした大地が広がっている。［　　］

□ 28 作った器を**駄作**と酷評される。［　　］

□ 29 交渉相手との妥協点を**模索**する。［　　］

□ 30 向こう岸は他国の**租借**地だ。［　　］

□ 31 今日は**宵**の明星が観測できる。［　　］

□ 32 **安閑**とした生活に飽きてきた。［　　］

標準解答

1 しる
2 ゆかい
3 しゅくぜん
4 せつれつ
5 ばいかい
6 あかつき
7 ちくじ
8 くんしょう
9 げんぽう
10 かいゆ
11 あまがさ
12 はっしょう
13 そうにゅう
14 もんしん
15 かっこ
16 もうら
17 やなぎ
18 みぞ
19 すずむし
20 かんだい
21 ちたい
22 がんこ
23 ここち
24 ねこぜ
25 きょひ
26 れいてつ
27 くうばく
28 ださく
29 もさく
30 そしゃく
31 よい
32 あんかん

3 **粛然**《しゅくぜん》→厳かで静まり返っている様子。
5 **媒介**《ばいかい》→双方の間に立ってとりもつこと。仲立ち。
7 **逐次**《ちくじ》→順序を追って。
27 **空漠**《くうばく》→果てしなく広い様子。要領を得ない様子。
30 **租借**《そしゃく》→他国の領地を借りて統治すること。
32 **安閑**《あんかん》→のんびりと過ごしている様子。

点線で折り、解答を隠しても使えます！

1時間目

難易度Ⅰ

読み⑤

●次の——線の漢字の読みをひらがなで記せ。

□1 交渉相手と最後に握手を交わす。〔　　〕

□2 漁船から釣り糸を垂らす。〔　　〕

□3 貴重なご意見を承りました。〔　　〕

□4 和やかに話し合いが行われた。〔　　〕

□5 老後は専ら読書に明け暮れている。〔　　〕

□6 日々享楽的な生活を送る。〔　　〕

□7 幼年から神童の誉れが高かった。〔　　〕

□8 日本語の変遷の跡をたどる。〔　　〕

□9 将来に渡って禍根を残しかねない。〔　　〕

□10 風水害により甚大な損害を被った。〔　　〕

□11 年を追って村の人口が逓減する。〔　　〕

□12 大根をぬかに漬ける。〔　　〕

□13 入会前に規則の遵守を誓約する。〔　　〕

□14 完成までに長い歳月を費やした。〔　　〕

□15 連日の水仕事で肌荒れが目立つ。〔　　〕

□16 努力が実を結び売上が漸増した。〔　　〕

□17 血眼になって大事な書類を捜す。〔　　〕

□18 場内では静粛に願います。〔　　〕

目標時間 3分

あなたの学習の優先度は？

□A □B □C

使い方は20ページ

19 悔いが残らないように勉学に励む。
20 履歴を消去した理由を尋ねる。
21 窓枠にたまったほこりをふき取る。
22 休憩時間を駄弁に費やした。
23 破損防止に緩衝材でくるむ。
24 卒業式の主賓として祝辞を述べる。
25 仕事を疎略にしてはいけない。

26 去りゆく背中に哀愁が漂っている。
27 下馬評どおり現市長が再選した。
28 人体構造を解析するのは困難だ。
29 福音は一通の手紙で知らされた。
30 自薦してサッカーのコーチになる。
31 懐かしい童歌の唱歌が流れる。
32 焼きあがった陶磁器を窯出しする。

標準解答

1 か
2 つ
3 うけたまわ
4 なご
5 もっぱ
6 きょうらく
7 ほま
8 へんせん
9 かこん
10 こうむ
11 ていげん
12 つ
13 せいやく
14 つい
15 はだあ
16 ぜんぞう
17 ちまなこ
18 せいしゅく
19 く
20 りれき
21 まどわく
22 だべん
23 かんしょう
24 しゅひん
25 そりゃく
26 あいしゅう
27 げばひょう
28 かいせき
29 ふくいん
30 じせん
31 わらべ
32 かまだ

6 享楽《きょうらく》→快楽を味わうこと。
9 禍根《かこん》→災いの起こる原因。
11 逓減《ていげん》→だんだん減ること。
16 漸増《ぜんぞう》→だんだん増えること。
22 駄弁《だべん》→くだらないおしゃべり。
25 疎略《そりゃく》→いいかげんなこと。おろそか。
27 下馬評《げばひょう》→第三者の評判やうわさ。

点線で折り、解答を隠しても使えます!

1時間目

難易度Ⅰ

同音・同訓異字

目標時間 4分

あなたの学習の優先度は？

□A □B □C

使い方は20ページ

●次の――線のカタカナを漢字で記せ。

□ 1 梅を塩でツけて梅干しにする。（　　）

□ 2 ツった魚を塩焼きにして食べる。（　　）

□ 3 本文よりもソウ話の方が面白い。（　　）

□ 4 豪ソウな旅館に家族で一泊した。（　　）

□ 5 後世に残すため民謡を採フする。（　　）

□ 6 長い間病床にフせている。（　　）

□ 7 素行の悪い集団に教サされた。（　　）

□ 8 予習よりも復習に時間をサく。（　　）

□ 9 ケン虚さを失えば、人望も失う。（　　）

□ 10 設備投資の成果がケン著に表れた。（　　）

□ 11 キョウ楽にふける主人公を描く。（　　）

□ 12 敵にキョウ順の態度を示した。（　　）

□ 13 山の別ソウが雑草で覆われている。（　　）

□ 14 遺留品のソウ索に全力を尽くす。（　　）

□ 15 ユウ揚とした態度で客をもてなす。（　　）

□ 16 諸民族のユウ和を図る。（　　）

□ 17 寒天は食物繊イを豊富に含む。（　　）

□ 18 猛獣がきばをむいてイ嚇する。（　　）

□ 19 厄カイな問題に立ち向かう。（　　）

□ 20 結果がカイ目見当がつかない。（　　）

21 電子機器が急速に普キュウする。

22 不キュウの名作を世に残す。

23 失政が続きキュウ地に立たされる。

24 不正な会計処理をキュウ弾する。

25 朝と昼ケン用の食事をとる。

26 チームの優勝に大きく貢ケンする。

27 証コが決め手となって有罪となる。

28 コ膜が破れそうな爆音だ。

29 難攻不落の城をコウ略する。

30 不祥事で閣僚がコウ迭される。

31 コウ涼とした原野が眼下に広がる。

32 キンモクセイが芳コウを放つ。

33 車に最新の安全装置を搭サイする。

34 鮮やかな色サイで壁画を描く。

35 人件費が経費の大半をシめる。

36 初戦から苦戦をシいられる。

標準解答

1 漬	2 釣	3 挿	4 壮	5 譜	6 伏
7 唆	8 割	9 謙	10 顕	11 享	12 恭
13 荘	14 捜	15 悠	16 融	17 維	18 威
19 介	20 皆	21 及	22 朽	23 窮	24 糾
25 兼	26 献	27 拠	28 鼓	29 攻	30 更
31 荒	32 香	33 載	34 彩	35 占	36 強

5 **採譜**《さいふ》→旋律や曲調を楽譜に書き取ること。

7 **教唆**《きょうさ》→人をそそのかし、けしかけること。

22 **不朽**《ふきゅう》→優れていて長く残ること。

24 **糾弾**《きゅうだん》→罪や責任を問いただすこと。

30 **更迭**《こうてつ》→ある地位にある者を、他の者に代えること。

点線で折り、解答を隠しても使えます！

熟語の構成

目標時間
3分

あなたの学習の優先度は？
□A □B □C
使い方は20ページ

●熟語の構成のしかたには、次のようなものがある。

ア 同じような意味の字を重ねたもの（例 岩石）
イ 反対または対応の意味を表す字を重ねたもの（例 高低）
ウ 上の字が下の字を修飾しているもの（例 洋画）
エ 下の字が上の字の目的語・補語になっているもの（例 着席）
オ 上の字が下の字の意味を打ち消しているもの（例 非常）

●次の熟語は右のア～オのどれに当たるか、一つ選んで記号を記せ。

□ 1 塑像［　］
□ 2 剛柔［　］
□ 3 義賊［　］
□ 4 衆寡［　］
□ 5 飢餓［　］
□ 6 紡績［　］
□ 7 鎮魂［　］
□ 8 不偏［　］
□ 9 存廃［　］
□ 10 未詳［　］
□ 11 造幣［　］
□ 12 懐郷［　］

□ 13 賠償［　］

□ 14 検疫［　］

□ 15 醜態［　］

□ 16 分析［　］

□ 17 不振［　］

□ 18 不詳［　］

□ 19 無謀［　］

□ 20 公邸［　］

□ 21 未遂［　］

□ 22 功罪［　］

□ 23 得喪［　］

□ 24 諭旨［　］

□ 25 免租［　］

□ 26 酪農［　］

□ 27 経緯［　］

□ 28 不肖［　］

標準解答

1 ウ 「粘土（塑）でつくった↓像」の意
2 イ 「かたい（剛強）」↕「柔らかい」
3 ウ 「弱い者を助ける気持ちがある（義）↓盗賊」の意
4 イ 「多い（衆）」↕「少ない（寡）」
5 ア 飢も餓も「うえる」の意
6 ア 紡も績も「つむぐ」の意
7 エ 「鎮める↑魂を」の意
8 オ 偏らないこと
9 イ 「存続」↕「廃止」
10 オ まだ詳しくないこと

11 エ 「製造する↑貨幣を」の意
12 エ 「懐かしむ↑ふるさと（郷）を」の意
13 ア 賠も償も「つぐなう」の意
14 エ 「予防の検査をする↑疫病を」の意
15 ウ 「見苦しい（醜）↓態度」の意
16 ア 分も析も「分けて考える」の意
17 オ 勢いなどが振るわないこと
18 オ 詳しくわからないこと
19 オ 打つ手をさぐる策（謀）がないこと
20 ウ 「公務で使う↓邸宅」の意

21 オ いまだに物事を成し遂げないこと
22 イ 「功績」↕「罪」
23 イ 「得る」↕「失う（喪）」
24 エ 「諭す↑内容（旨）を」の意
25 エ 「免除する↑租税を」の意
26 ウ 「乳製品（酪）を造る↓農業」の意
27 イ 「縦糸（経）」↕「横糸（緯）」
28 オ 似ていないこと。親に似ず愚かなこと

点線で折り、解答を隠しても使えます!

1時間目

難易度Ⅰ

対義語・類義語①

目標時間 5分

あなたの学習の優先度は？
□A □B □C
使い方は20ページ

●次の□の中の語を一度だけ使って漢字に直し、対義語・類義語を記せ。

対義語

□ 1 絶賛〔　　〕

□ 2 機敏〔　　〕

□ 3 漆黒〔　　〕

□ 4 閑散〔　　〕

類義語

□ 5 対価〔　　〕

□ 6 永遠〔　　〕

□ 7 逝去〔　　〕

□ 8 了解〔　　〕

えいみん・こくひょう・じゅんぱく・たぼう・どんじゅう・なっとく・ほうしゅう・ゆうきゅう

対義語

□ 9 冒頭〔　　〕

□ 10 模倣〔　　〕

□ 11 開放〔　　〕

□ 12 購買〔　　〕

類義語

□ 13 欠陥〔　　〕

□ 14 盲点〔　　〕

□ 15 懲戒〔　　〕

□ 16 光栄〔　　〕

しかく・しょばつ・どくそう・なんてん・はんばい・へいさ・まつび・めいよ

対義語

□ 17 純白〔　　〕
□ 18 謙虚〔　　〕
□ 19 服従〔　　〕
□ 20 偏屈〔　　〕

類義語

□ 21 平穏〔　　〕
□ 22 功績〔　　〕
□ 23 基地〔　　〕
□ 24 遺憾〔　　〕

あんねい・きょてん・ざんねん・しっこく・すなお・そんだい・てがら・はんこう

対義語

□ 25 冷静〔　　〕
□ 26 概要〔　　〕
□ 27 醜聞〔　　〕
□ 28 卑小〔　　〕

類義語

□ 29 永遠〔　　〕
□ 30 将来〔　　〕
□ 31 頑健〔　　〕
□ 32 回顧〔　　〕

いだい・こうきゅう・しょうさい・じょうぶ・ぜんと・ついおく・ねつれつ・びだん

標準解答

1 酷評《こくひょう》
2 鈍重《どんじゅう》
3 純白《じゅんぱく》
4 多忙《たぼう》
5 報酬《ほうしゅう》
6 悠久《ゆうきゅう》
7 永眠《えいみん》
8 納得《なっとく》

9 末尾《まつび》
10 独創《どくそう》
11 閉鎖《へいさ》
12 販売《はんばい》
13 難点《なんてん》
14 死角《しかく》
15 処罰《しょばつ》
16 名誉《めいよ》

17 漆黒《しっこく》
18 尊大《そんだい》
19 反抗《はんこう》
20 素直《すなお》
21 安寧《あんねい》
22 手柄《てがら》
23 拠点《きょてん》
24 残念《ざんねん》

25 熱烈《ねつれつ》
26 詳細《しょうさい》
27 美談《びだん》
28 偉大《いだい》
29 恒久《こうきゅう》
30 前途《ぜんと》
31 丈夫《じょうぶ》
32 追憶《ついおく》

点線で折り、解答を隠しても使えます!

1時間目

難易度Ⅰ

対義語・類義語②

目標時間 5分

あなたの学習の優先度は？
□A □B □C
使い方は20ページ

●次の□の中の語を一度だけ使って漢字に直し、対義語・類義語を記せ。

対義語

□ 1 幼稚［　　］
□ 2 統合［　　］
□ 3 干渉［　　］
□ 4 希薄［　　］

類義語

□ 5 真髄［　　］
□ 6 倫理［　　］
□ 7 炎熱［　　］
□ 8 清廉［　　］

けっぱく・ごくい・どうとく・のうみつ・ぶんり・ほうにん・もうしょ・ろうれん

対義語

□ 9 恥辱［　　］
□ 10 清浄［　　］
□ 11 個別［　　］
□ 12 増進［　　］

類義語

□ 13 技量［　　］
□ 14 純朴［　　］
□ 15 真価［　　］
□ 16 午睡［　　］

いっせい・おだく・げんたい・しゅわん・すなお・ひるね・ほんりょう・めいよ

対義語

- □ 17 借用〔　　〕
- □ 18 軽侮〔　　〕
- □ 19 騰貴〔　　〕
- □ 20 起床〔　　〕

類義語

- □ 21 措置〔　　〕
- □ 22 撲滅〔　　〕
- □ 23 憤慨〔　　〕
- □ 24 入手〔　　〕

かくとく・げきど・げらく・こんぜつ・しゅうしん・しょり・そんけい・へんきゃく

対義語

- □ 25 親切〔　　〕
- □ 26 微細〔　　〕
- □ 27 逃走〔　　〕
- □ 28 浄化〔　　〕

類義語

- □ 29 落胆〔　　〕
- □ 30 憶測〔　　〕
- □ 31 理由〔　　〕
- □ 32 目印〔　　〕

おせん・きょだい・こんきょ・しつい・しひょう・すいりょう・ついせき・れいたん

標準解答

1 老練《ろうれん》　2 分離《ぶんり》　3 放任《ほうにん》　4 濃密《のうみつ》
5 極意《ごくい》　6 道徳《どうとく》　7 猛暑《もうしょ》　8 潔白《けっぱく》

9 名誉《めいよ》　10 汚濁《おだく》　11 一斉《いっせい》　12 減退《げんたい》
13 手腕《しゅわん》　14 素直《すなお》　15 本領《ほんりょう》　16 昼寝《ひるね》

17 返却《へんきゃく》　18 尊敬《そんけい》　19 下落《げらく》　20 就寝《しゅうしん》
21 処理《しょり》　22 根絶《こんぜつ》　23 激怒《げきど》　24 獲得《かくとく》

25 冷淡《れいたん》　26 巨大《きょだい》　27 追跡《ついせき》　28 汚染《おせん》
29 失意《しつい》　30 推量《すいりょう》　31 根拠《こんきょ》　32 指標《しひょう》

点線で折り、解答を隠しても使えます!

送りがな

目標時間
3分

●次の——線のカタカナを漢字一字と送りがな（ひらがな）で記せ。

1 クワシイ事情は知らされていない。

2 凶器はスルドイ刃物だった。

3 鳥のさえずりに耳をスマス。

4 赤ん坊をネカシテから家事を行う。

5 ぽかぽか陽気でネムタクなった。

6 心労で白髪がサラニ増えた。

7 カガヤクばかりに美しい花嫁だ。

8 仕事でイソガシイ日々を送る。

9 庭の池に大きな石をシズメル。

10 自らをイマシメテ努力を怠らない。

11 夕飯のおかずの大根をニル。

12 雨にぬれたシャツがスケル。

13 日照り続きで植物がカレル。

14 この団子はホマレ高い名菓だ。

15 足を川の水にヒタシテ涼を取った。

16 不審な行動に疑念をイダク。

17 長い時間運動してツカレル。

18 元気な父親が喜寿をムカエタ。

あなたの学習の優先度は?
□A □B □C
使い方は20ページ

19 投げたボールが勢いよくハズム。

20 ゴールへ全速力でカケル。

21 強く言いすぎたことをハジル。

22 訓練を積み力をタクワエル。

23 改革の必要性を強くウッタエタ。

24 雨にケムル湖畔にたたずむ。

25 過密な計画に頭をナヤマス。

26 終了前の得点で一矢をムクイタ。

27 作業の前に上司の指示をアオグ。

28 喫煙は周囲にも悪影響をオヨボス。

29 クリスマスのカザリ付けを施す。

30 白アリに食われて家がカタムク。

31 子供が親にアマエテねだる。

32 古本をひもでユワエル。

標準解答

1 詳しい
2 鋭い
3 澄ます
4 寝かして
5 眠たく
6 更に
7 輝く
8 忙しい
9 沈める
10 戒めて
11 煮る
12 透ける
13 枯れる
14 誉れ
15 浸して
16 抱く
17 疲れる
18 迎えた
19 弾む
20 駆ける
21 恥じる
22 蓄える
23 訴えた
24 煙る
25 悩ます
26 報いた
27 仰ぐ
28 及ぼす
29 飾り
30 傾く
31 甘えて
32 結わえる

点線で折り、解答を隠しても使えます！

四字熟語①

目標時間
4分

あなたの学習の優先度は？
□A □B □C
使い方は20ページ

●次の□内に漢字一字を入れて四字熟語を完成させよ。

□ 1 冠□葬祭
元服（冠）・結こん・葬式（葬）・祖先の祭礼（祭）の四大礼式。

□ 2 喜□哀楽
人間のさまざまな基本的感情。

□ 3 悪戦苦□
困難の中で必死に努力すること。

□ 4 優□不断
ぐずぐずと決断しかねるさま。

□ 5 危機一□
きわめて危ない瀬戸際。

□ 6 謹□実直
つつしみ深く誠実で正直なこと。

□ 7 支□滅裂
言動などに統一性がない様子。

□ 8 神出□没
すばやく現れたり消えたりすること。

□ 9 本末転□
大切なことと、そうでないことを間違えて理解すること。

□ 10 色即□空
世に存在するものはすべて実体がなく、一切は空であるという仏教の教え。

□ 11 和洋□衷
日本と西洋の様式を取り合わせること。

□ 12 公序良□
社会を正すきまりと善良なならわし。

□ 13 百□夜行
悪人が自分勝手にのさばりはびこるたとえ。

□ 14 森羅万□
宇宙に存在するすべてのもの。

□ 15 才色□備
女性が才能と美しい容姿に恵まれること。

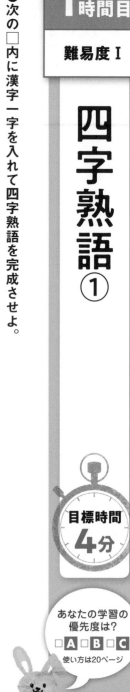

□ 16
縦横無□
思う存分ふるまう様子。

□ 17
東奔西□
四方八方を忙しく駆け回るさま。

□ 18
□行無常
この世ははかないという仏教の思想。

□ 19
一念□起
あることを成し遂げようと決意すること。

□ 20
疑心暗□
疑いのあまり何でも不安に思うこと。

□ 21
新進気□
新たにその分野に現れ、勢いが盛んなこと。

□ 22
前□多難
これから先に多くの困難が待ち受けていること。

□ 23
表□一体
二つのものが分かちがたく結びつき、一体となっている様子。

□ 24
一朝一□
非常に短い時間のたとえ。

□ 25
孤軍奮□
他人の助けは借りず、ひとりで頑張ること。

□ 26
狂喜乱□
躍り上がるほど大喜びする様子。

□ 27
容姿□麗
顔立ちや体つきが整っていて美しいこと。

標準解答

1 冠婚葬祭《かんこんそうさい》
2 喜怒哀楽《きどあいらく》
3 悪戦苦闘《あくせんくとう》
4 優柔不断《ゆうじゅうふだん》
5 危機一髪《ききいっぱつ》
6 謹厳実直《きんげんじっちょく》
7 支離滅裂《しりめつれつ》
8 神出鬼没《しんしゅつきぼつ》
9 本末転倒《ほんまつてんとう》
10 色即是空《しきそくぜくう》
11 和洋折衷《わようせっちゅう》
12 公序良俗《こうじょりょうぞく》
13 百鬼夜行《ひゃっきやこう》
14 森羅万象《しんらばんしょう》
15 才色兼備《さいしょくけんび》
16 縦横無尽《じゅうおうむじん》
17 東奔西走《とうほんせいそう》
18 諸行無常《しょぎょうむじょう》
19 一念発起《いちねんほっき》
20 疑心暗鬼《ぎしんあんき》
21 新進気鋭《しんしんきえい》
22 前途多難《ぜんとたなん》
23 表裏一体《ひょうりいったい》
24 一朝一夕《いっちょういっせき》
25 孤軍奮闘《こぐんふんとう》
26 狂喜乱舞《きょうきらんぶ》
27 容姿端麗《ようしたんれい》

点線で折り、解答を隠しても使えます！

1時間目

難易度Ⅰ

四字熟語②

目標時間 4分

あなたの学習の優先度は？
□A □B □C
使い方は20ページ

●次の□内に漢字一字を入れて四字熟語を完成させよ。

□ 1 山□水明
山や川などの自然の風景が、清らかで美しい様子。

□ 2 南□北馬
各地へ旅をすること。

□ 3 多岐□羊
多くの方針があり選択に迷うこと。

□ 4 百□錬磨
多くのたたかいに参加して経験を積むこと。多くの経験で鍛えられた人。

□ 5 □善懲悪
善行を奨励して悪行をこらしめること。

□ 6 五里□中
物事の手がかりをつかめず困惑すること。

□ 7 疾風迅□
行動がすばやく激しい様子。

□ 8 孤立無□
ひとりぼっちで頼るものがないこと。

□ 9 □顔無恥
ずうずうしくて恥知らずなさま。

□ 10 群□割拠
多くの実力者が対立しあうこと。

□ 11 初□貫徹
初めの考えや希望を最後までつらぬき通すこと。

□ 12 用意周□
準備にぬかりのない様子。

□ 13 面目□如
世間の評価を上げ、目をひくさま。

□ 14 □知徹底
世間に広く知れ渡るようにすること。

□ 15 □攻不落
攻撃するのがむずかしく容易に陥落しないこと。

□ 16

栄□盛衰

人や家などが栄えることと衰えること。

□ 17

一□打尽

悪党などを一度に全員捕らえること。

□ 18

一□両得

一つのことで同時に二つの利益を得ること。

□ 19

□象無象

数ばかり多くて、役に立たないもの。その他大勢をさげすんでいう言葉。

□ 20

旧態□然

昔のままで少しも進歩しないこと。

□ 21

深山幽□

人里離れた静かな自然。

□ 22

□大妄想

自己を過大に評価し、それを事実のように思いこむこと。

□ 23

酔生□死

何もせず生涯をぼんやり過ごすこと。

□ 24

□天動地

世間を大いにおどろかせること。

□ 25

自己□盾

自分の中で、言動が一貫しないこと。

□ 26

悠悠自□

のんびりと心のままに過ごすこと。

□ 27

意志□弱

意志が弱くて決断力や忍耐力に欠けること。

標準解答

1 山紫水明《さんしすいめい》

2 南船北馬《なんせんほくば》

3 多岐亡羊《たきぼうよう》

4 百戦錬磨《ひゃくせんれんま》

5 勧善懲悪《かんぜんちょうあく》

6 五里霧中《ごりむちゅう》

7 疾風迅雷《しっぷうじんらい》

8 孤立無援《こりつむえん》

9 厚顔無恥《こうがんむち》

10 群雄割拠《ぐんゆうかっきょ》

11 初志貫徹《しょしかんてつ》

12 用意周到《よういしゅうとう》

13 面目躍如《めんもくやくじょ》

14 周知徹底《しゅうちてってい》

15 難攻不落《なんこうふらく》

16 栄枯盛衰《えいこせいすい》

17 一網打尽《いちもうだじん》

18 一挙両得《いっきょりょうとく》

19 有象無象《うぞうむぞう》

20 旧態依然《きゅうたいいぜん》

21 深山幽谷《しんざんゆうこく》

22 誇大妄想《こだいもうそう》

23 酔生夢死《すいせいむし》

24 驚天動地《きょうてんどうち》

25 自己矛盾《じこむじゅん》

26 悠悠自適《ゆうゆうじてき》

27 意志薄弱《いしはくじゃく》

点線で折り、解答を隠しても使えます!

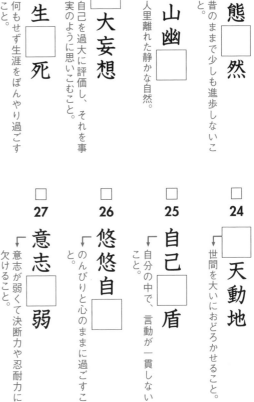

1時間目

難易度Ⅰ

誤字訂正

目標時間
4分

あなたの学習の優先度は?
□A □B □C
使い方は20ページ

●次の各文に間違って使われている同じ読みの漢字が一字ある。上に誤字を、下に正しい漢字を記せ。

□ 1 早急に復興計画を進めるには、人手と資材の不足が最大の衝害である。 ［　↓　］

□ 2 祭りの当日、丸太運び競走の会場には各村代表の力自満が集合した。 ［　↓　］

□ 3 国民に高齢者が締める割合は将来的に増加し続けることが予想される。 ［　↓　］

□ 4 便利な機能を満採した携帯電話が登場して市場が大いに盛り上がった。 ［　↓　］

□ 5 資産運用だけで不労所得生活を確得しようなどというのは甘い考えだ。 ［　↓　］

□ 6 最近の新入社員には仕事への意欲は高いが会話力に欠ける系向がある。 ［　↓　］

□ 7 地球基模の大気汚染が進んでおり、各国の早急な対策が必要である。 ［　↓　］

□ 8 流通業界で勝ち残るため、商工会議所が行う須売士検定試験を受けた。 ［　↓　］

□ 9 山頂まで仲間たちと苦労の末到達し、貴調な人生の財産となった。［ ↓ ］

□ 10 民間企業が主導して、豊富な水資元を最大限に活用する技術を開発した。［ ↓ ］

□ 11 外出先へ夜遅くまで子供を連れ回す親たちに専門家が啓鐘を鳴らした。［ ↓ ］

□ 12 太陽光発電は、次世代の環境に優しい発電方式として客光を浴びている。［ ↓ ］

□ 13 早朝に収穫した無農薬野菜を家族全員で箱に詰めて市場に出果した。［ ↓ ］

□ 14 保護者の要望で決まった看視カメラの設置に対し生徒は一斉に反発した。［ ↓ ］

標準解答

1 衝→障
2 満→慢
3 締→占
4 採→載
5 確→獲
6 系→傾
7 基→規
8 頒→販
9 調→重
10 元→源
11 啓→警
12 客→脚
13 果→荷
14 看→監

7 **規模《きぼ》**→物事の構造やしくみの大きさ。
11 **警鐘《けいしょう》**→危急を知らせるために鳴らす鐘。
12 **脚光《きゃっこう》を浴《あ》びる**→世間や人々の注目の的になること。
13 **出荷《しゅっか》**→商品が市場に出ること。

点線で折り、解答を隠しても使えます！

1時間目

難易度Ⅰ

書き取り①

目標時間 4分

あなたの学習の優先度は?
□A □B □C
使い方は20ページ

●次の――線のカタカナを漢字に直せ。

□ 1 生活の知恵がマンサイした本だ。
□ 2 慎重を期して上司の判断をアオぐ。
□ 3 土ケムリを舞い上げて馬が走る。
□ 4 猛獣に山中で遭遇して逃げマドう。
□ 5 周りの反応にカビンになっている。
□ 6 多くの賛同を得ようと心をクダく。
□ 7 望みを捨てずに最後までフん張る。
□ 8 アワい色彩が絶妙な絵画だ。
□ 9 会場に机をハンニュウする。
□ 10 持病の不安をカカえる。
□ 11 速さではオトるが正確さでは勝る。
□ 12 手数料はベット請求される。
□ 13 新人選手が記録をコウシンした。
□ 14 好物のモモを青果店で購入した。
□ 15 トナリの家族とは長い付き合いだ。
□ 16 姿が見えなくなるまで手をフった。
□ 17 慣れた手つきで機械をアヤツる。
□ 18 部下を泣かせた事を気にヤむ。
□ 19 風雨にさらされて廃屋がクちる。
□ 20 自宅の居間にユカ暖房を設置した。

□ 21 状況によりジュウナンに対処する。

□ 22 事業は趣味と実益をカねている。

□ 23 夫の料理のウデ前に感嘆する。

□ 24 車がユルいカーブを曲がる。

□ 25 演劇のキャクホンを覚える。

□ 26 最善を尽くすことを固くチカう。

□ 27 ボン休みに帰省する予定だ。

□ 28 コップの表面にスイテキがつく。

□ 29 はるかオキに客船が航行している。

□ 30 食糧が尽きてウえに苦しむ。

□ 31 納得してダマって引き下がった。

□ 32 晴れの日は洗濯物がよくカワく。

□ 33 自然は多くのレンサで成り立つ。

□ 34 人里離れた旅館にシュクハクする。

□ 35 駅前の坂はケイシャがきつい。

□ 36 管理人とあいさつをカわす。

標準解答

1 満載
2 仰
3 煙
4 惑
5 過敏
6 砕
7 踏
8 淡
9 搬入
10 抱
11 劣
12 別途
13 更新
14 桃
15 隣
16 振
17 操
18 病
19 朽
20 床
21 柔軟
22 兼
23 腕
24 緩
25 脚本
26 誓
27 盆
28 水滴
29 沖
30 飢
31 黙
32 乾
33 連鎖
34 宿泊
35 傾斜
36 交

点線で折り、解答を隠しても使えます!

1時間目

難易度Ⅰ

書き取り②

●次の――線のカタカナを漢字に直せ。

□ 1 ビネツが続いて内科を受診した。

□ 2 犯人はミガラを空港で拘束された。

□ 3 タミの幸せを願い祈りをささげる。

□ 4 宵のミョウジョウが空に輝く。

□ 5 沖で大きなタイをツり上げる。

□ 6 飛行機が緊急のドウタイ着陸をする。

□ 7 湯をワかして抹茶をたてる。

□ 8 もちに絡ませるあんこをニツめる。

□ 9 アサツユが日光を浴びて光る。

□ 10 明日はサラに気温が下がるようだ。

□ 11 代金をブンカツして支払う。

□ 12 速度超過でバッキンを取られる。

□ 13 夜の公園はセキとして怖いほどだ。

□ 14 アンモクの了解で事を運ぶ。

□ 15 長年の重労働でコシを悪くした。

□ 16 息子が母親のセタケを追い越した。

□ 17 政治的シュワンを発揮する。

□ 18 まごころコめてもてなす。

□ 19 ノウタンのはっきりした配色だ。

□ 20 シャセンを引いて訂正する。

目標時間 4分

あなたの学習の優先度は？
□A □B □C
使い方は20ページ

□ 21 念願の優勝旗をカクトクする。

□ 22 走者が本塁めがけてトッシンした。

□ 23 現場でシモンを慎重に採取する。

□ 24 志願者は増加のケイコウにある。

□ 25 突然嫌な予感にオソわれる。

□ 26 ニイヅマの手料理が楽しみだ。

□ 27 ストライクの投球をミノガす。

□ 28 話題のアンミンまくらを購入する。

□ 29 レンサイの締め切りに追われる。

□ 30 長いカミをなびかせる。

□ 31 道場でツルギの鍛錬に余念がない。

□ 32 シハンの薬を飲んで安静にする。

□ 33 トウゲの茶屋で一服した。

□ 34 会議で異論がフンシュツする。

□ 35 寝坊したがチコクせずに済んだ。

□ 36 販売のキョテンを地方にも設けた。

標準解答

1 微熱
2 身柄
3 民
4 明星
5 釣
6 胴体
7 沸
8 煮詰
9 朝露
10 更
11 分割
12 罰金
13 寂
14 暗黙
15 腰
16 背丈
17 手腕
18 込
19 濃淡
20 斜線
21 獲得
22 突進
23 指紋
24 傾向
25 襲
26 新妻
27 見逃
28 安眠
29 連載
30 髪
31 剣
32 市販
33 峠
34 噴出
35 遅刻
36 拠点

点線で折り、解答を隠しても使えます!

1時間目

難易度Ⅰ

書き取り③

目標時間 4分

あなたの学習の優先度は？

□A □B □C

使い方は20ページ

●次の——線のカタカナを漢字に直せ。

□ 1 昔の風習が色コく残されている。

□ 2 ヒッセキから犯人を割り出す。

□ 3 選手からトウシがあふれ出ている。

□ 4 飼っているカメがトウミンを始めた。

□ 5 近所の洋品店でカタハバを測る。

□ 6 ニュウワな顔つきの仏像を眺める。

□ 7 地元のネツレツな歓迎に感謝する。

□ 8 キュウカ中も仕事をする。

□ 9 住所録のキサイに誤りがある。

□ 10 泣く子の肩にやさしくフれる。

□ 11 決定的シュンカンを写真に収めた。

□ 12 取締役と営業部長をケンムする。

□ 13 エラぶらず謙虚な心が必要だ。

□ 14 飛行機のシュヨクに鳥が当たる。

□ 15 友人にメグまれた学生時代だった。

□ 16 サワのせせらぎに癒やされる。

□ 17 速度を上げてリリクした。

□ 18 自宅が店舗にリンセツしている。

□ 19 ビリョクながら応援します。

□ 20 二月でもコヨミの上ではもう春だ。

□ 21 エイイ努力し目標を達成する。

□ 22 手でヒョウシをとりながら歌う。

□ 23 鉄棒はアクリョクの強化になる。

□ 24 犬がオを振って飼い主を迎える。

□ 25 リョカクターミナルに人が集まる。

□ 26 ジュースの自動ハンバイ機を探す。

□ 27 敵のギャクシュウに対抗する。

□ 28 山のシャメンに植林する。

□ 29 ゴール直前で競走相手をヌく。

□ 30 選手がイサましく入場した。

□ 31 ウデダメしに練習試合をする。

□ 32 式典にメされて正装で出かけた。

□ 33 あまりのロコツな表現に面食らう。

□ 34 山間に深いキリが立ち込める。

□ 35 規律に反するコウイを注意される。

□ 36 数年間はハケン社員として働いた。

標準解答

1 濃
2 筆跡
3 闘志
4 冬眠
5 肩幅
6 柔和
7 熱烈
8 休暇
9 記載
10 触
11 瞬間
12 兼務
13 偉
14 主翼
15 恵
16 沢
17 離陸
18 隣接
19 微力
20 暦
21 鋭意
22 拍子
23 握力
24 尾
25 旅客
26 販売
27 逆襲
28 斜面
29 抜
30 勇
31 腕試
32 召
33 露骨
34 霧
35 行為
36 派遣

点線で折り、解答を隠しても使えます！

覚えて得する「部首の意味」

部首にはそれぞれ固有の意味があります。そのため、部首が何か一見わかりにくい漢字の場合でも、漢字の意味を考えるとハッと思い当たることもあるものです。わからなくてもすぐあきらめず、意味を考えながら見てみましょう。

冫 にすい
意味 水や冷たさなどを表す
例 冬 冷 凝 凍 准

疒 やまいだれ
意味 病気に関することなどを表す
例 病 痛 疾 疫 症 痴 癒 痢

貝 かいへん
意味 財貨や貨幣などに関することを表す
例 贈 販 賦 賊 購 賜 賠 賄

辶 しんにょう
意味 道に関することや行く、進むことなどを表す
例 運 追 達 還 迅 逐 迭 遍

頁 おおがい
意味 人の姿や頭部などを表す
例 顔 頭 額 頑 顕 頒 頻

囗 くにがまえ
意味 かこむ、めぐらすなどの意味を表す
例 国 固 囲 因 団 困 圏 囚

灬 れんが・れっか
意味 火に関することなどを表す
例 照 然 熱 熟 為 煮 烈 焦

禾 のぎへん
意味 稲穂や穀類などに関するものを表す
例 穀 稿 稲 穫 穂 稚 稼 秩

curriculum

2時間目

難易度Ⅱ

2時間目は試験で200点中120点を目指すレベルです。
合格するために必ず押さえるべき漢字を
収録しています。

2時間目 難易度Ⅱ

読み①

目標時間 3分

●次の——線の漢字の読みをひらがなで記せ。

□ 1 皆の励ましに思わず感泣した。〔　　〕

□ 2 長年の夢があえなく砕かれた。〔　　〕

□ 3 賛成意見と反対意見を併記する。〔　　〕

□ 4 発泡スチロールを箱に詰める。〔　　〕

□ 5 一行は既に到着している。〔　　〕

□ 6 壁の内側は空洞になっていた。〔　　〕

□ 7 気圧が低いので沸点が下がった。〔　　〕

□ 8 内科医が患者の容体を診る。〔　　〕

□ 9 品物を口幅の広い袋に入れる。〔　　〕

□ 10 寡黙だが仕事のできる男だ。〔　　〕

□ 11 米寿を迎え祖父はなお壮健だ。〔　　〕

□ 12 国民の公僕としての自覚を持つ。〔　　〕

□ 13 地下鉄の車内に傘を忘れてきた。〔　　〕

□ 14 兄弟げんかの仲裁に入った。〔　　〕

□ 15 岬から大海を見下ろす。〔　　〕

□ 16 雑菌の消毒に手洗いを励行する。〔　　〕

□ 17 揺るぎない信念に感銘を受ける。〔　　〕

□ 18 炎天下で歩き続けてのどが渇いた。〔　　〕

あなたの学習の優先度は？
□A □B □C
使い方は20ページ

□ 19 有識者との対談を心待ちにする。 〔　　〕

□ 20 婚姻の前に両家で会食をした。 〔　　〕

□ 21 同級生とは卒業以来疎遠だ。 〔　　〕

□ 22 めいの子守を頼まれる。 〔　　〕

□ 23 決勝戦への進出が濃厚になった。 〔　　〕

□ 24 洗浄剤で食器をきれいに洗う。 〔　　〕

□ 25 この海域は船が座礁しやすい。 〔　　〕

□ 26 白い足袋を履き舞台に上がる。 〔　　〕

□ 27 秋の夜長は思索にもってこいだ。 〔　　〕

□ 28 防寒のため厚めの肌着を買う。 〔　　〕

□ 29 巨大な水槽に数万の魚が泳ぐ。 〔　　〕

□ 30 真実を隠して偽証してはいけない。 〔　　〕

□ 31 北海道で酪農を営んでいる。 〔　　〕

□ 32 剛胆な監督の人柄にひかれた。 〔　　〕

標準解答

1 かんきゅう
2 くだ
3 へいき
4 はっぽう
5 すで
6 くうどう
7 ふってん
8 み
9 くちはば
10 かもく
11 そうけん
12 こうぼく
13 かさ
14 ちゅうさい
15 みさき
16 ざっきん
17 かんめい
18 かわ
19 ゆうしき
20 こんいん
21 そえん
22 こもり
23 のうこう
24 せんじょう
25 ざしょう
26 たび
27 しさく
28 はだぎ
29 すいそう
30 ぎしょう
31 らくのう
32 ごうたん

11 壮健《そうけん》→丈夫であること。
12 公僕《こうぼく》→国民への奉仕者。公務員のこと。
25 座礁《ざしょう》→船が暗礁に乗り上げること。
27 思索《しさく》→本質を知るために深く考えること。
30 偽証《ぎしょう》→偽りの証言をすること。
32 剛胆《ごうたん》→度胸があり、ものに動じない様子。

点線で折り、解答を隠しても使えます!

難易度Ⅱ

読み②

目標時間 3分

●次の――線の漢字の読みをひらがなで記せ。

□ 1 派閥の巨頭どうしが話し合う。〔　　〕

□ 2 冷え込みが厳しく霜が降りた。〔　　〕

□ 3 台風に備えて頑丈な造りにする。〔　　〕

□ 4 坪庭に苗木を植える。〔　　〕

□ 5 論理が空疎で説得力に欠ける。〔　　〕

□ 6 部屋の隅々まで丹念に掃除する。〔　　〕

□ 7 スポーツの後に清涼飲料水を飲む。〔　　〕

□ 8 夫婦でお遍路の旅に出た。〔　　〕

□ 9 完膚無きまでにたたきのめされた。〔　　〕

□ 10 弦楽器の美しい旋律が耳に残る。〔　　〕

□ 11 注釈をつけて参考文献を記す。〔　　〕

□ 12 細菌は湿度が高いと繁殖しやすい。〔　　〕

□ 13 健康のため適度な運動を推奨する。〔　　〕

□ 14 辞令で閑職にまわされた。〔　　〕

□ 15 証言に偽りがないことを誓う。〔　　〕

□ 16 堕落した生活から抜け出した。〔　　〕

□ 17 慶事には祝儀を惜しみなく包む。〔　　〕

□ 18 通院する頻度が低くなってきた。〔　　〕

あなたの学習の優先度は?
□A □B □C
使い方は20ページ

19 新党を**旗揚**げする。［　　］

20 動機を追及され返答に**窮**した。［　　］

21 **書斎**から目当ての本を探す。［　　］

22 **猫舌**で熱い食べ物は苦手だ。［　　］

23 **殉職**した警察官の慰霊が行われた。［　　］

24 戦争で**捕虜**となった人が帰国した。［　　］

25 顔の輪郭が**叔母**にそっくりだ。［　　］

26 臨時工を**別枠**で募集する。［　　］

27 安全面のもろさが**顕在**化した。［　　］

28 **残忍**な犯行に目を背ける。［　　］

29 **禅問答**も僧りょの修行の一つだ。［　　］

30 寄付は金額の**多寡**を問わない。［　　］

31 電車とバスに**併用**できるカードだ。［　　］

32 広東料理と言えば**酢豚**が有名だ。［　　］

標準解答

1 はばつ
2 しも
3 がんじょう
4 つぼにわ
5 くうそ
6 すみずみ
7 せいりょう
8 へんろ
9 かんぷ
10 せんりつ
11 ぶんけん
12 さいきん
13 すいしょう
14 かんしょく
15 ちか
16 だらく
17 けいじ
18 ひんど
19 はたあ
20 きゅう
21 しょさい
22 ねこじた
23 じゅんしょく
24 ほりょ
25 おば
26 べつわく
27 けんざい
28 ざんにん
29 ぜんもんどう
30 たか
31 へいよう
32 すぶた

5 **空疎**《くうそ》→見せかけだけで内容がないこと。

8 **遍路**《へんろ》→四国の八十八か所の巡礼。

14 **閑職**《かんしょく》→仕事が少ない（重要でない）ひまな職務。

23 **殉職**《じゅんしょく》→職責を果たそうとして亡くなること。

30 **多寡**《たか》→多いことと少ないこと。

点線で折り、解答を隠しても使えます！

2時間目

難易度Ⅱ

読み③

目標時間 3分

●次の――線の漢字の読みをひらがなで記せ。

□ 1 隣家に偏屈な老人が暮らしている。〔　　〕

□ 2 初志を貫徹するのが身上だ。〔　　〕

□ 3 その医師は無料で診療を続けた。〔　　〕

□ 4 寝る前には必ず歯を磨く。〔　　〕

□ 5 亜流の学派が次々と誕生した。〔　　〕

□ 6 防音設備で外部の音を遮断する。〔　　〕

□ 7 物価が上がり家計が困窮する。〔　　〕

□ 8 注文の商品を迅速に発送する。〔　　〕

□ 9 頭部を強打して記憶喪失になった。〔　　〕

□ 10 気分が浮ついて集中できない。〔　　〕

□ 11 罪を犯した者に縄を打つ。〔　　〕

□ 12 寡占価格でも売行きが厳しい。〔　　〕

□ 13 病魔に冒されても自覚症状がない。〔　　〕

□ 14 事態を包括的に述べた。〔　　〕

□ 15 警察による捜査が開始された。〔　　〕

□ 16 蚕は繭の中で成長する。〔　　〕

□ 17 金魚の水槽に藻が繁殖する。〔　　〕

□ 18 化学の実験で硫酸が使用された。〔　　〕

あなたの学習の優先度は？

□A □B □C

使い方は20ページ

□ 19 検診で胃腸の疾患が認められた。［　　］

□ 20 敵の頑強な守りに苦戦した。［　　］

□ 21 三つの町が合併して市が誕生した。［　　］

□ 22 競艇に夢中になって散財する。［　　］

□ 23 極度のスランプに陥る。［　　］

□ 24 喪が明けるまで慶事は遠慮する。［　　］

□ 25 谷間の山荘に宿営する。［　　］

□ 26 荷物を麻ひもで結んだ。［　　］

□ 27 あの作家とは懇意にしている。［　　］

□ 28 主張を捨て権威に盲従する。［　　］

□ 29 ゆで卵の殻をきれいにむく。［　　］

□ 30 人工透析は毎回長時間を要する。［　　］

□ 31 いやな思い出が脳裏から離れない。［　　］

□ 32 人命を救助し、表彰状をもらう。［　　］

標準解答

1 へんくつ
2 かんてつ
3 しんりょう
4 みが
5 ありゅう
6 しゃだん
7 こんきゅう
8 じんそく
9 そうしつ
10 うわ
11 なわ
12 かせん
13 しょうじょう
14 ほうかつ
15 そうさ
16 まゆ
17 も
18 りゅうさん
19 しっかん
20 がんきょう
21 がっぺい
22 きょうてい
23 おちい
24 も
25 さんそう
26 あさ
27 こんい
28 もうじゅう
29 から
30 とうせき
31 のうり
32 ひょうしょう

1 偏屈《へんくつ》→ひねくれて、素直でない性質。
2 貫徹《かんてつ》→目的を果たすまでやり抜くこと。
5 亜流《ありゅう》→一流の人をまねるだけで独創性がないこと。
27 懇意《こんい》→親しく付き合っている間柄。
28 盲従《もうじゅう》→自分で判断をせず、人の言うままになること。

点線で折り、解答を隠しても使えます!

2時間目

難易度Ⅱ

読み④

●次の――線の漢字の読みをひらがなで記せ。

□ 1 自宅の棟上げ式を催した。〔　　〕

□ 2 革靴に履き替えて会議に臨む。〔　　〕

□ 3 長所を褒めて新入社員を育てる。〔　　〕

□ 4 祖父は剛直な性格だ。〔　　〕

□ 5 若干の誤差は許容される。〔　　〕

□ 6 吟味の末の結論だ。〔　　〕

□ 7 監督の補佐役に徹する。〔　　〕

□ 8 祖父から疎開先での苦労話を聞く。〔　　〕

□ 9 複数の参考書を併読して勉強する。〔　　〕

□ 10 力強い選手宣誓に会場が沸いた。〔　　〕

□ 11 予算の余りは予備費に充当する。〔　　〕

□ 12 街で盲導犬を連れた人を見かけた。〔　　〕

□ 13 あの二人は犬猿の仲らしい。〔　　〕

□ 14 無窮の天を仰ぎ見て心を癒やす。〔　　〕

□ 15 生年月日を偽って登録する。〔　　〕

□ 16 鋼のように鍛えた肉体を披露する。〔　　〕

□ 17 信用を取り戻そうと躍起になった。〔　　〕

□ 18 髪が襟元まで伸びた。〔　　〕

目標時間 3分

あなたの学習の優先度は?
□A □B □C
使い方は20ページ

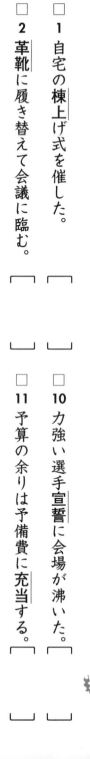

□ 19 雰囲気を和ませる話をする。［　　］

□ 20 十年ぶりの帰省で厚遇された。［　　］

□ 21 今日は面白いように魚が釣れる。［　　］

□ 22 蔵の中の宝を鑑定してもらう。［　　］

□ 23 一部有償のサービスもある。［　　］

□ 24 社の中核となるポストを任された。［　　］

□ 25 二台のトラックと並列に駐車する。［　　］

□ 26 会場の中を満遍なく見渡した。［　　］

□ 27 内野手の俊敏な動きに目を見張る。［　　］

□ 28 鼻緒が食い込んで指が痛い。［　　］

□ 29 苦心作が酷評されて落ち込む。［　　］

□ 30 厚情のある便りに胸が熱くなる。［　　］

□ 31 西日よけに遮光カーテンを引く。［　　］

□ 32 のら犬が垣根を越えて逃げた。［　　］

標準解答

1 むねあ
2 かわぐつ
3 ほ
4 ごうちょく
5 じゃっかん
6 ぎんみ
7 てっ
8 そかい
9 へいどく
10 せんせい
11 じゅうとう
12 もうどうけん
13 けんえん
14 むきゅう
15 いつわ
16 はがね
17 やっき
18 えりもと
19 ふんいき
20 こうぐう
21 おもしろ
22 くら
23 ゆうしょう
24 ちゅうかく
25 へいれつ
26 まんべん
27 しゅんびん
28 はなお
29 こくひょう
30 こうじょう
31 しゃこう
32 かきね

4 剛直《ごうちょく》→気性が強く、信念を曲げないこと。
11 充当《じゅうとう》→人や金品を、ある目的や用途にあてること。
14 無窮《むきゅう》→終わりがないこと。永遠。無限。
17 躍起《やっき》→あせってむきになること。
23 有償《ゆうしょう》→受けた利益に対価を支払うこと。

点線で折り、解答を隠しても使えます！

2時間目
難易度Ⅱ

読み⑤

目標時間 3分

あなたの学習の優先度は？
□A □B □C
使い方は20ページ

●次の――線の漢字の読みをひらがなで記せ。

□ 1 **謹厳**な人柄で人望を集める。［　　］
□ 2 基本的人権を**享有**する。［　　］
□ 3 妻子と年老いた両親を**扶養**する。［　　］
□ 4 製品に致命的な**欠陥**が見つかった。［　　］
□ 5 **寡聞**にして存じません。［　　］
□ 6 人口が減り田畑の**荒廃**が進む。［　　］
□ 7 役場から戸籍**謄本**を取り寄せる。［　　］
□ 8 行楽地は平日で**閑散**としていた。［　　］
□ 9 旧友の**急逝**の報に接した。［　　］
□ 10 紳士淑女が**高尚**な趣味をたしなむ。［　　］
□ 11 努力の成果が**顕著**に表れた。［　　］
□ 12 天井や壁面に**幾何学**模様を描く。［　　］
□ 13 逃走する犯人の**襟首**をつかんだ。［　　］
□ 14 衷心より**哀悼**の意を表します。［　　］
□ 15 攻撃を仕掛けて試合の**均衡**を破る。［　　］
□ 16 **首肯**しがたい学説だ。［　　］
□ 17 議論は両者譲らず**泥沼**に陥った。［　　］
□ 18 改善策をまとめて部長に**上申**する。［　　］

□ 19 拾得した財布を警察に届ける。

□ 20 教会に幼稚園が併設されている。

□ 21 市民館で月例の囲碁会が開かれた。

□ 22 騎馬武者が雄々しい姿で現れた。

□ 23 国王に拝謁し爵位を賜る。

□ 24 機械の可動部分が摩耗する。

□ 25 仏像制作は彫塑から始まる。

□ 26 傑作な話に笑いが止まらない。

□ 27 気温が上がり雪崩の恐れがある。

□ 28 新聞は媒体の一つだ。

□ 29 性懲りもなく悪事を繰り返す。

□ 30 亡くなった祖母に花を手向ける。

□ 31 研いだ刃物の切れ味を試す。

□ 32 違法な献金を糾弾された。

標準解答

1 きんげん
2 きょうゆう
3 ふよう
4 けっかん
5 かぶん
6 こうはい
7 とうほん
8 かんさん
9 きゅうせい
10 こうしょう
11 けんちょ
12 きかがく
13 えりくび
14 あいとう
15 きんこう
16 しゅこう
17 どろぬま
18 じょうしん
19 しゅうとく
20 へいせつ
21 いご
22 おお
23 はいえつ
24 まもう
25 ちょうそ
26 けっさく
27 なだれ
28 ばいたい
29 しょうこ
30 たむ
31 はもの
32 きゅうだん

1 謹厳《きんげん》→まじめで、おごそかなこと。
2 享有《きょうゆう》→生まれつき持っていること。
5 寡聞《かぶん》→知識や見聞が少ないこと。
7 謄本《とうほん》→原本の内容を写し取った文書。
10 高尚《こうしょう》→文化や教養の程度が高く、立派なこと。
15 均衡《きんこう》→力などのつり合いが取れていること。
16 首肯《しゅこう》→うなずくこと。承諾すること。

点線で折り、解答を隠しても使えます!

2時間目

難易度Ⅱ

部首

目標時間 4分

あなたの学習の優先度は?
□A □B □C
使い方は20ページ

●次の漢字の部首を記せ。

□1 遮〔　〕
□2 街〔　〕
□3 履〔　〕
□4 堪〔　〕
□5 虐〔　〕
□6 矯〔　〕
□7 酌〔　〕
□8 閥〔　〕
□9 朱〔　〕
□10 薦〔　〕
□11 窃〔　〕
□12 庸〔　〕
□13 衰〔　〕
□14 窮〔　〕
□15 裏〔　〕
□16 尼〔　〕
□17 朴〔　〕
□18 塑〔　〕
□19 宰〔　〕
□20 靴〔　〕
□21 嚇〔　〕
□22 淑〔　〕
□23 罷〔　〕
□24 薫〔　〕

25 邸 [　　]
26 索 [　　]
27 衡 [　　]
28 音 [　　]
29 宜 [　　]

30 隷 [　　]
31 斉 [　　]
32 欧 [　　]
33 扉 [　　]
34 叔 [　　]

35 督 [　　]
36 因 [　　]
37 頑 [　　]
38 妄 [　　]
39 徹 [　　]

40 迭 [　　]
41 唇 [　　]
42 癒 [　　]
43 斗 [　　]
44 頻 [　　]

標準解答

1 ⻌（しんにょう）
2 行（ぎょうがまえ）
3 尸（かばね）
4 土（つちへん）
5 虍（とらがしら）
6 矢（やへん）
7 酉（とりへん）
8 門（もんがまえ）
9 木（き）
10 艹（くさかんむり）
11 穴（あなかんむり）
12 广（まだれ）
13 衣（ころも）
14 穴（あなかんむり）
15 衣（ころも）
16 尸（かばね）
17 木（きへん）
18 土（つち）
19 宀（うかんむり）
20 革（かわへん）
21 口（くちへん）
22 氵（さんずい）
23 罒（あみがしら）
24 艹（くさかんむり）
25 阝（おおざと）
26 糸（いと）
27 行（ぎょうがまえ）
28 音（おと）
29 宀（うかんむり）
30 隶（れいづくり）
31 斉（せい）
32 欠（あくび）
33 戸（とだれ）
34 又（また）
35 目（め）
36 囗（くにがまえ）
37 頁（おおがい）
38 女（おんな）
39 彳（ぎょうにんべん）
40 ⻌（しんにょう）
41 口（くち）
42 疒（やまいだれ）
43 斗（とます）
44 頁（おおがい）

点線で折り、解答を隠しても使えます！

2時間目

難易度Ⅱ

同音・同訓異字

目標時間
4分

あなたの学習の優先度は？
□A □B □C
使い方は20ページ

●次の――線のカタカナを漢字で記せ。

□ 1 事件のカク心に触れる重要な話だ。
□ 2 犬がうなり声をあげて威カクした。
□ 3 墨をスって心を集中させる。
□ 4 スんだわき水は、地元の財産だ。
□ 5 いよいよ物語がカ境に入った。
□ 6 野生の馬たちが荒野をカける。
□ 7 世論が沸トウして収拾がつかない。
□ 8 飛行機のトウ乗時間が迫っている。
□ 9 ケイ流釣りをする客でにぎわう。
□ 10 相手が健康で、同ケイの至りだ。

□ 11 即位を祝って記念カ幣を発行する。
□ 12 行きカう人々を窓から眺める。
□ 13 得点が入り均コウが一気に崩れた。
□ 14 長年教師として学校にコウ献した。
□ 15 彼女は高ショウな趣味の持ち主だ。
□ 16 社債のショウ還には資金が必要だ。
□ 17 取引先の意向を打シンする。
□ 18 自宅謹シンの処分が下される。
□ 19 肉料理に薬味をソえる。
□ 20 ソ税を福祉政策の財源とする。

21 自治体にタン願書を提出する。
22 最先タンの技術を導入する。
23 贈答品を化粧箱にツめる。
24 家業をツいで畜産業を営む。
25 雨水が地下深くまで浸トウする。
26 前例をトウ襲して決定を下す。
27 見通しが立たずに弱音をハく。
28 飛びハねて吉報を喜ぶ。

29 人の目にフれる場所に掲示する。
30 計器の針が片側に大きくフれた。
31 ボン庸な作品として酷評を受ける。
32 毎日ボン栽の手入れを欠かさない。
33 専門用語を一冊でモウ羅する。
34 世界一になるという大モウを抱く。
35 チョウ問客に深々と頭を下げる。
36 不正を行った職員をチョウ罰する。

標準解答

1	核
2	嚇
3	擦
4	澄
5	佳
6	駆
7	騰
8	搭
9	渓
10	慶
11	貨
12	交
13	衡
14	貢
15	尚
16	償
17	診
18	慎
19	添
20	租
21	嘆
22	端
23	詰
24	継
25	透
26	踏
27	吐
28	跳
29	触
30	振
31	凡
32	盆
33	網
34	望
35	弔
36	懲

10 同慶《どうけい》→同じように喜ばしいこと。
15 高尚《こうしょう》→文化や教養の程度が高く立派なこと。
16 償還《しょうかん》→つぐない返済すること。
26 踏襲《とうしゅう》→前の人のやり方をそのまま受け継ぐこと。
31 凡庸《ぼんよう》→優れたところがなく、普通であること。

点線で折り、解答を隠しても使えます!

2時間目

難易度Ⅱ

熟語の構成①

●熟語の構成のしかたには、次のようなものがある。

ア 同じような意味の字を重ねたもの（例 岩石）
イ 反対または対応の意味を表す字を重ねたもの（例 高低）
ウ 上の字が下の字を修飾しているもの（例 洋画）
エ 下の字が上の字の目的語・補語になっているもの（例 着席）
オ 上の字が下の字の意味を打ち消しているもの（例 非常）

●次の熟語は右のア～オのどれに当たるか、一つ選んで記号を記せ。

□ 1 懇談［　］
□ 2 迎賓［　］
□ 3 屈伸［　］
□ 4 未刊［　］
□ 5 興廃［　］
□ 6 殉難［　］
□ 7 叙勲［　］
□ 8 謹聴［　］
□ 9 忍苦［　］
□ 10 霊魂［　］
□ 11 不穏［　］
□ 12 遭難［　］

□ 13 精粗 ［　　］

□ 14 開廷 ［　　］

□ 15 暗礁 ［　　］

□ 16 上棟 ［　　］

□ 17 搭乗 ［　　］

□ 18 酷使 ［　　］

□ 19 弊風 ［　　］

□ 20 防疫 ［　　］

□ 21 喫茶 ［　　］

□ 22 頒価 ［　　］

□ 23 抹茶 ［　　］

□ 24 勧奨 ［　　］

□ 25 急逝 ［　　］

□ 26 彼我 ［　　］

□ 27 遍在 ［　　］

□ 28 直轄 ［　　］

標準解答

1 ウ 「親しく（懇）」↓「話し合う（談）」の意
2 エ 「迎える」↑「賓客を」の意
3 イ 「屈《かが》む」↕「伸ばす」
4 オ まだ発刊していないこと
5 イ 「さかんになる（興）」↕「廃れる」
6 エ 「死ぬ（殉）」↑「危難に」の意
7 エ 「授ける（叙）」↑「勲章を」の意
8 ウ 「謹んで」↓「聴く」の意
9 エ 「忍ぶ」↑「苦しみを」の意
10 ア 霊も魂も「たましい」の意

11 オ 穏やかでないこと
12 エ 「あう」↑「難に」の意
13 イ 「細かい（精）」↕「粗い」
14 エ 「開く」↑「法廷を」の意
15 ウ 「暗くて隠れている」↓「礁」の意
16 エ 「建築の際に上げる」↑「棟木を」の意
17 ア 搭も乗も「乗る」の意
18 ウ 「手加減せず厳しく（酷）」↓「使う」の意
19 ウ 「良くない（弊）」↓「風習」の意
20 エ 「予防する」↑「疫病の流行を」の意

21 エ 「飲む（喫）」↑「茶を」の意
22 ウ 「頒布する」↓「価格」の意
23 ウ 「すってひいた」↓「茶」の意
24 ア 勧も奨も「すすめる」の意
25 ウ 「急に」↓「死ぬ（逝く）」の意
26 イ 「かれ」↕「われ」
27 ウ 「あまねく（遍）」↓「存在する」の意
28 ウ 「直接」↓「管轄する」の意

点線で折り、解答を隠しても使えます！

2時間目

難易度Ⅱ

熟語の構成②

目標時間 3分

あなたの学習の優先度は？
□A □B □C
使い方は20ページ

●熟語の構成のしかたには、次のようなものがある。

ア 同じような意味の字を重ねたもの（例 岩石）
イ 反対または対応の意味を表す字を重ねたもの（例 高低）
ウ 上の字が下の字を修飾しているもの（例 洋画）
エ 下の字が上の字の目的語・補語になっているもの（例 着席）
オ 上の字が下の字の意味を打ち消しているもの（例 非常）

●次の熟語は右のア～オのどれに当たるか、一つ選んで記号を記せ。

□ 1 独吟［　］
□ 2 濫獲［　］
□ 3 疾患［　］
□ 4 未到［　］
□ 5 謹慎［　］
□ 6 緩急［　］
□ 7 充満［　］
□ 8 献杯［　］
□ 9 明滅［　］
□ 10 遮光［　］
□ 11 威嚇［　］
□ 12 折衷［　］

□13 腐臭［　　］

□14 不惑［　　］

□15 寛厳［　　］

□16 庶務［　　］

□17 納涼［　　］

□18 寡少［　　］

□19 遵法［　　］

□20 研磨［　　］

□21 早晩［　　］

□22 頻発［　　］

□23 孤塁［　　］

□24 偏在［　　］

□25 繁閑［　　］

□26 未踏［　　］

□27 出没［　　］

□28 誓詞［　　］

標準解答

1 ウ 「独りで↓吟ずる」の意
2 ウ 「みだりに（濫）↓捕獲する」の意
3 ア 疾も患も「病気」の意
4 オ まだ到達していないこと
5 ア 謹も慎も「つつしむ・控える」の意
6 イ 「遅い（緩）」↕「速い（急）」
7 ア 充も満も「満ちる」の意
8 エ 「差し出す（献）↑杯を」の意
9 イ 「つく」↕「消える」
10 エ 「遮る↑光を」の意

11 ア 威も嚇も「おどす」の意
12 エ 「折る↑ほどよいところで（衷）」の意
13 ウ 「腐った物の↓臭い」の意
14 オ 惑うことがないこと
15 イ 「寛大なこと」↕「厳格なこと」
16 ウ 「さまざまな（庶）↓事務」の意
17 エ 「とり入れる（納）↑涼しさを」の意
18 ア 寡も少も「少ない」の意
19 エ 「遵守する↑法律を」の意
20 ア 研も磨も「みがく」の意

21 イ 「早い」↕「遅い（晩）」
22 ウ 「たびたび（頻）↓発生する」の意
23 ウ 「孤立した↓とりで（塁）」の意
24 ウ 「偏って↓存在する」の意
25 イ 「忙しい（繁）」↕「暇（閑）」
26 オ いまだだれも踏み入れていないこと
27 イ 「出現する」↕「隠れる（没）」
28 ウ 「誓いの↓ことば」の意

点線で折り、解答を隠しても使えます!

2時間目

難易度Ⅱ

対義語・類義語①

目標時間 5分

あなたの学習の優先度は?
□A □B □C
使い方は20ページ

●次の□の中の語を一度だけ使って漢字に直し、対義語・類義語を記せ。

対義語

□ 1 淡泊〔　　〕
□ 2 豪華〔　　〕
□ 3 進撃〔　　〕
□ 4 実践〔　　〕

類義語

□ 5 肯定〔　　〕
□ 6 不粋〔　　〕
□ 7 符合〔　　〕
□ 8 火急〔　　〕

がっち・しっそ・せっぱく・ぜにん・たいきゃく・のうこう・やぼ・りろん

対義語

□ 9 湿潤〔　　〕
□ 10 末節〔　　〕
□ 11 記憶〔　　〕
□ 12 撤去〔　　〕

類義語

□ 13 披露〔　　〕
□ 14 抵当〔　　〕
□ 15 慶賀〔　　〕
□ 16 奇抜〔　　〕

かんそう・こうひょう・こんかん・しゅくふく・せっち・たんぽ・とっぴ・ぼうきゃく

対義語

□ 17 秘匿 〔　　〕

□ 18 凝縮 〔　　〕

□ 19 中枢 〔　　〕

□ 20 購入 〔　　〕

類義語

□ 21 根底 〔　　〕

□ 22 左遷 〔　　〕

□ 23 発祥 〔　　〕

□ 24 醜聞 〔　　〕

おめい・かくさん・きげん・きばん・こうかく・ばいきゃく・ばくろ・まったん

対義語

□ 25 廃止 〔　　〕

□ 26 寡黙 〔　　〕

□ 27 四肢 〔　　〕

□ 28 悲哀 〔　　〕

類義語

□ 29 安泰 〔　　〕

□ 30 普遍 〔　　〕

□ 31 変遷 〔　　〕

□ 32 受諾 〔　　〕

いっぱん・かんき・しょうち・すいい・そんぞく・たべん・どうたい・ぶじ

標準解答

1 濃厚《のうこう》
2 質素《しっそ》
3 退却《たいきゃく》
4 理論《りろん》
5 是認《ぜにん》
6 野暮《やぼ》
7 合致《がっち》
8 切迫《せっぱく》

9 乾燥《かんそう》
10 根幹《こんかん》
11 忘却《ぼうきゃく》
12 設置《せっち》
13 公表《こうひょう》
14 担保《たんぽ》
15 祝福《しゅくふく》
16 突飛《とっぴ》

17 暴露《ばくろ》
18 拡散《かくさん》
19 末端《まったん》
20 売却《ばいきゃく》
21 基盤《きばん》
22 降格《こうかく》
23 起源《きげん》
24 汚名《おめい》

25 存続《そんぞく》
26 多弁《たべん》
27 胴体《どうたい》
28 歓喜《かんき》
29 無事《ぶじ》
30 一般《いっぱん》
31 推移《すいい》
32 承知《しょうち》

点線で折り、解答を隠しても使えます!

2時間目

難易度Ⅱ

対義語・類義語②

目標時間 5分

あなたの学習の優先度は？
□A □B □C
使い方は20ページ

●次の□の中の語を一度だけ使って漢字に直し、対義語・類義語を記せ。

対義語

□ 1 相違［　　］
□ 2 罷免［　　］
□ 3 解雇［　　］
□ 4 年頭［　　］

類義語

□ 5 卑近［　　］
□ 6 大胆［　　］
□ 7 抹消［　　］
□ 8 核心［　　］

がっち・ごうほう・こんかん・さいまつ・さいよう・じょきょ・つうぞく・にんめい

対義語

□ 9 直面［　　］
□ 10 名目［　　］
□ 11 愚鈍［　　］
□ 12 軽率［　　］

類義語

□ 13 快癒［　　］
□ 14 輸送［　　］
□ 15 座視［　　］
□ 16 泰然［　　］

うんぱん・かいひ・じっしつ・しんちょう・ぜんち・ちんちゃく・ぼうかん・りはつ

対義語

17 哀悼〔　〕

18 秘匿〔　〕

19 醜悪〔　〕

20 特殊〔　〕

類義語

21 服従〔　〕

22 懇意〔　〕

23 窮乏〔　〕

24 抜群〔　〕

いっぱん・くっし・こうかい・しゅくが・しんみつ・びれい・ひんこん・れいぞく

対義語

25 供述〔　〕

26 拘禁〔　〕

27 漠然〔　〕

28 正統〔　〕

類義語

29 看護〔　〕

30 妥当〔　〕

31 手腕〔　〕

32 辛抱〔　〕

いたん・かいほう・がまん・ぎりょう・しゃくほう・せんめい・てきせつ・もくひ

標準解答

1 合致《がっち》　2 任命《にんめい》　3 採用《さいよう》　4 歳末《さいまつ》

5 通俗《つうぞく》　6 豪放《ごうほう》　7 除去《じょきょ》　8 根幹《こんかん》

---

9 回避《かいひ》　10 実質《じっしつ》　11 利発《りはつ》　12 慎重《しんちょう》

13 全治《ぜんち》　14 運搬《うんぱん》　15 傍観《ぼうかん》　16 沈着《ちんちゃく》

---

17 祝賀《しゅくが》　18 公開《こうかい》　19 美麗《びれい》　20 一般《いっぱん》

21 隷属《れいぞく》　22 親密《しんみつ》　23 貧困《ひんこん》　24 屈指《くっし》

---

25 黙秘《もくひ》　26 釈放《しゃくほう》　27 鮮明《せんめい》　28 異端《いたん》

29 介抱《かいほう》　30 適切《てきせつ》　31 技量《ぎりょう》　32 我慢《がまん》

点線で折り、解答を隠しても使えます!

四字熟語

目標時間 4分

あなたの学習の優先度は？
□A □B □C
使い方は20ページ

●次の□内に漢字一字を入れて四字熟語を完成させよ。

□1 附和□同
自分に定見がなく、他の説に軽々しく賛成すること。

□2 美辞□句
うわべを飾り立てた内容のない言葉。

□3 気□壮大
心構えや発想が大きくて立派なこと。

□4 心頭滅□
心の中の雑念を取り去ること。

□5 徹頭徹□
最初から最後まで貫くこと。

□6 青息□息
非常に困ったり苦しんだりする状態。

□7 異□邪説
正統からはずれた見方や立場のこと。

□8 □敗堕落
精神が乱れて、身をもち崩すこと。

□9 □合集散
協力したり反目したりすること。

□10 首□一貫
最初から最後まで考えが変わらないこと。

□11 千□万紅
さまざまな色の花が咲き乱れていること。

□12 □止千万
このうえなくばかばかしいこと。

□13 孤城□日
昔の勢いを失い心細い様子。

□14 沈思□考
だまって深く考えこむこと。

□15 換□奪胎
外形は同じままで中身を取りかえること。

□ 16 朝令□改
命令がよく変わって一定ではないこと。

□ 17 無□自然
人手を加えず、あるがままにまかせること。

□ 18 朝三□四
目先の違いにこだわり、本質を理解していないこと。

□ 19 呉越同□
仲の悪い者どうしが同じ場所にいること。

□ 20 言行一□
口に出して言った言葉と、実際の行動とが同じで矛盾がないこと。

□ 21 堅忍不□
我慢強く堪えて志を変えないこと。

□ 22 思□分別
深く考えて判断すること。

□ 23 率先垂□
人に先立って手本を示すこと。

□ 24 力戦奮□
力の限り努力すること。

□ 25 雲散□消
あとかたもなく消えてなくなること。

□ 26 準備万□
用意がすべて整っていること。

□ 27 当意□妙
状況に応じ、その場ですぐに機転をきかせること。

標準解答

1 附和雷同《ふわらいどう》
2 美辞麗句《びじれいく》
3 気宇壮大《きうそうだい》
4 心頭滅却《しんとうめっきゃく》
5 徹頭徹尾《てっとうてつび》
6 青息吐息《あおいきといき》
7 異端邪説《いたんじゃせつ》
8 腐敗堕落《ふはいだらく》
9 離合集散《りごうしゅうさん》
10 首尾一貫《しゅびいっかん》
11 千紫万紅《せんしばんこう》
12 笑止千万《しょうしせんばん》
13 孤城落日《こじょうらくじつ》
14 沈思黙考《ちんしもっこう》
15 換骨奪胎《かんこつだったい》
16 朝令暮改《ちょうれいぼかい》
17 無為自然《むいしぜん》
18 朝三暮四《ちょうさんぼし》
19 呉越同舟《ごえつどうしゅう》
20 言行一致《げんこういっち》
21 堅忍不抜《けんにんふばつ》
22 思慮分別《しりょふんべつ》
23 率先垂範《そっせんすいはん》
24 力戦奮闘《りきせんふんとう》
25 雲散霧消《うんさんむしょう》
26 準備万端《じゅんびばんたん》
27 当意即妙《とういそくみょう》

点線で折り、解答を隠しても使えます!

誤字訂正

目標時間 4分

あなたの学習の優先度は?
□A □B □C
使い方は20ページ

●次の各文に間違って使われている同じ読みの漢字が一字ある。上に誤字を、下に正しい漢字を記せ。

□ **1** 巨大ダムの決壊で披害を受けた住宅地の様子を衛星写真で確認した。［　↓　］

□ **2** 水質汚泉で一時期は姿を消したアユも住民による自然保護活動で復活した。［　↓　］

□ **3** 新しく開業した飲食店に客が殺踏したため、直ちに交通整理の対策を講じた。［　↓　］

□ **4** 能力と意欲のある若者は自国に見切りを付けて外国に活役の場を求める。［　↓　］

□ **5** 海外への転勤が決まり、途航前に健康診断と伝染病の予防接種を受けた。［　↓　］

□ **6** 魚を素手でつかんだ感飾や水面に反射する光を今でも鮮明に思い出す。［　↓　］

□ **7** 限界集落に工場や企業を誘置し、町を活性化させるのは重要な課題である。［　↓　］

□ **8** 昨年発行された上製本は値段が高くて買えなかったが安い普久版を購入した。［　↓　］

□ 9 避暑地でクマの目撃情報が相次ぎ地元の猟友会が保獲作戦に乗り出した。　［　↓　］

□ 10 記録的な台風の襲来は、島の年間降水量に必敵する大雨をもたらした。　［　↓　］

□ 11 梅雨前線の停滞により断続的に降る雨の勢いは翌日も以然衰えなかった。　［　↓　］

□ 12 仲間と共謀して証固隠滅を図る可能性が高いため保釈申請は却下された。　［　↓　］

□ 13 国民全体の高零者の割合が増え、今後の年金制度に問題が生じている。　［　↓　］

□ 14 国の天然記念物である昆虫の繁嘱地は意外にも都市の中心部にある。　［　↓　］

標準解答

1 披→被
2 泉→染
3 踏→到
4 役→躍
5 途→渡
6 飾→触
7 置→致
8 久→及
9 保→捕
10 必→匹
11 以→依
12 固→拠
13 零→齢
14 嘱→殖

5 渡航《とこう》→船や飛行機で海外へいくこと。
7 誘致《ゆうち》→誘い、招き寄せること。
11 依然《いぜん》→長い間変わらずに、もとのままであるさま。
14 繁殖《はんしょく》→動物や植物がふえること。

点線で折り、解答を隠しても使えます！

2時間目

難易度Ⅱ

書き取り①

目標時間 4分

あなたの学習の優先度は?

□A □B □C

使い方は20ページ

●次の――線のカタカナを漢字に直せ。

□ 1 あまりの美しさにトイキがもれる。

□ 2 トウメイなビニール製の傘をさす。

□ 3 モヨりの駅までは歩いて五分だ。

□ 4 シリョに欠けた発言に憤る。

□ 5 セイジャクの中、雨音だけが響く。

□ 6 飛行機は大気圏にトツニュウした。

□ 7 王は民衆に自らの力をコジした。

□ 8 ハコヅめのプレゼントが届いた。

□ 9 議長の提案にミナが賛同した。

□ 10 生涯福祉活動でメイヨ市民となる。

□ 11 非難のホコサキが彼に向けられた。

□ 12 スイサイガの絵手紙が届く。

□ 13 幼児の行動に注意をハラう。

□ 14 話題の映画でキャッコウを浴びた。

□ 15 連日の残業でヒロウがたまる。

□ 16 壊れやすい物をシンチョウに運ぶ。

□ 17 城の財宝はすべてトウクツされた。

□ 18 汚職事件のゲンキョウを探る。

□ 19 たき火で焼いたイモをふるまった。

□ 20 旧友のオモカゲを思い出す。

□ 21 攻撃から一転、味方エンゴに回る。［　　］
□ 22 カンヌシからおはらいを受ける。［　　］
□ 23 テイコウもむなしく惨敗した。［　　］
□ 24 居間のテレビは母がドクセンする。［　　］
□ 25 サけては通れない宿命の対決だ。［　　］
□ 26 仲間とテイボウで釣りをする。［　　］
□ 27 思いエガいたとおりに事が運んだ。［　　］
□ 28 センパイの助言で問題を解決した。［　　］

□ 29 オオハバな遅延が見込まれる。［　　］
□ 30 うっかりネボウして遅刻する。［　　］
□ 31 大気オセンによって健康が害される。［　　］
□ 32 人権のシンガイを追及する。［　　］
□ 33 何事もケイゾクすることが大切だ。［　　］
□ 34 説明をチュウシャクで補足する。［　　］
□ 35 入院している同級生をミマう。［　　］
□ 36 人気店に大勢の客がサットウした。［　　］

標準解答

1 吐息
2 透明
3 最寄
4 思慮
5 静寂
6 突入

7 誇示
8 箱詰
9 皆
10 名誉
11 矛先
12 水彩画

13 払
14 脚光
15 疲労
16 慎重
17 盗掘
18 元凶

19 芋
20 面影
21 援護
22 神主
23 抵抗
24 独占

25 避
26 堤防
27 描
28 先輩
29 大幅
30 寝坊

31 汚染
32 侵害
33 継続
34 注釈
35 見舞
36 殺到

点線で折り、解答を隠しても使えます！

2時間目

難易度Ⅱ

書き取り②

●次の——線のカタカナを漢字に直せ。

□ 1 コンレイの式典をホテルで催す。［　　　］

□ 2 ヒボンな才能に舌を巻く。［　　　］

□ 3 眼前に大きなカベが立ちはだかる。［　　　］

□ 4 シロアリのクジョで床下に入る。［　　　］

□ 5 新たな消費者層をカイタクした。［　　　］

□ 6 遠足でイモホりを体験した。［　　　］

□ 7 クウシュウの体験談に心を痛める。［　　　］

□ 8 ボタンをオすと音楽が鳴る仕組みだ。［　　　］

□ 9 事態はセッパクしている。［　　　］

□ 10 優勝して皆でシュクハイをあげる。［　　　］

□ 11 何者かが通ったケイセキがある。［　　　］

□ 12 他社にタイコウして価格を下げる。［　　　］

□ 13 自分の事となるとドンカンだ。［　　　］

□ 14 職人がタンネンに作り込んだ器だ。［　　　］

□ 15 ジョバンで先制点を入れられた。［　　　］

□ 16 ゲンマイは栄養価が高い。［　　　］

□ 17 タカがツバサを広げて大空を舞う。［　　　］

□ 18 トウトツな提案に皆とまどった。［　　　］

□ 19 怖さのあまりゼッキョウした。［　　　］

□ 20 社会をツウレツに批判した文章だ。［　　　］

目標時間 4分

あなたの学習の優先度は？
□A □B □C
使い方は20ページ

□ 21 モハン解答を受験生に配る。〔　　〕

□ 22 手芸のシュミが高じ教室を開いた。〔　　〕

□ 23 決勝戦は手に汗をニギる展開だ。〔　　〕

□ 24 八十を過ぎてもケンキャクだ。〔　　〕

□ 25 イセイのよい声に市場が活気づく。〔　　〕

□ 26 みこし担ぎに町のワコウドが集う。〔　　〕

□ 27 セマい事務所を改築した。〔　　〕

□ 28 厳しすぎて血もナミダもない。〔　　〕

□ 29 昭和のカヨウ曲がラジオから流れる。〔　　〕

□ 30 班ごとに当番をコウゴに務める。〔　　〕

□ 31 おもちゃのカンデンチを取り換える。〔　　〕

□ 32 オノレの過去を省みる。〔　　〕

□ 33 どこの宿も予約でマンパイだった。〔　　〕

□ 34 シンミョウな顔つきで聞き入る。〔　　〕

□ 35 状況はイゼンとして苦しいままだ。〔　　〕

□ 36 ユウシュウな成績を収め卒業した。〔　　〕

標準解答

1 婚礼
2 非凡
3 壁
4 駆除
5 開拓
6 芋掘
7 空襲
8 押
9 切迫
10 祝杯
11 形跡
12 対抗
13 鈍感
14 丹念
15 序盤
16 玄米
17 翼
18 唐突
19 絶叫
20 痛烈
21 模範
22 趣味
23 握
24 健脚
25 威勢
26 若人
27 狭
28 涙
29 歌謡
30 交互
31 乾電池
32 己
33 満杯
34 神妙
35 依然
36 優秀

点線で折り、解答を隠しても使えます！

2時間目

難易度Ⅱ

書き取り③

●次の――線のカタカナを漢字に直せ。

□ 1 イクら君の頼みでも応諾しかねる。〔　　〕

□ 2 川にカヌーをウかべて遊んだ。〔　　〕

□ 3 優秀な兄弟にレットウ感を抱く。〔　　〕

□ 4 潜水艇が海面にフジョウした。〔　　〕

□ 5 失敗談をオモシロおかしく話す。〔　　〕

□ 6 川べりのツツミに沿って散歩する。〔　　〕

□ 7 この手紙がなによりのショウコだ。〔　　〕

□ 8 ツチケムリをあげて車が走る。〔　　〕

□ 9 光のクッセツ率を調べる。〔　　〕

□ 10 残業続きで心身ともにツカれる。〔　　〕

□ 11 家業の畜産を兄弟で受けツぐ。〔　　〕

□ 12 息を吸ってゆっくりとハく。〔　　〕

□ 13 空はナマリ色にどんより曇った。〔　　〕

□ 14 周囲にハイリョして小声で話す。〔　　〕

□ 15 勝負ではセめる姿勢が大切だ。〔　　〕

□ 16 近隣にカミナリが落ちたらしい。〔　　〕

□ 17 多大なハンキョウを呼ぶ超大作だ。〔　　〕

□ 18 著名人をハイシュツする名門校だ。〔　　〕

□ 19 古くからチンチョウされた名品だ。〔　　〕

□ 20 弟はヨワタり上手で昇進が早い。〔　　〕

目標時間

4分

あなたの学習の優先度は？

□A □B □C

使い方は20ページ

21 キュウレキではもう秋を迎える。

22 丁寧な仕事でシンライを得る。

23 幼児がどんぐりマナコで見つめた。

24 野菜は食用植物のソウショウだ。

25 シンケンな表情に心がときめいた。

26 料理のウデマエはかなりのものだ。

27 報道界きってのビンワン記者だ。

28 ナイジュの拡大が求められている。

29 党の方針にリッキャクした政策だ。

30 ヨツユにぬれて蛍の観賞をする。

31 客が来ないためヒマをもてあます。

32 家事と育児にボウサツされる。

33 彼は獲物をカるハンターだ。

34 オスと雌の区別が難しい虫だ。

35 心臓のコドウをおさえる。

36 演説が心のオクソコに響いた。

標準解答

1 幾
2 浮
3 劣等
4 浮上
5 面白
6 堤
7 証拠
8 土煙
9 屈折
10 疲
11 継
12 吐
13 鉛
14 配慮
15 攻
16 雷
17 反響
18 輩出
19 珍重
20 世渡
21 旧暦
22 信頼
23 眼
24 総称
25 真剣
26 腕前
27 敏腕
28 内需
29 立脚
30 夜露
31 暇
32 忙殺
33 狩
34 雄
35 鼓動
36 奥底

点線で折り、解答を隠しても使えます!

特別な読み方

漢字の訓読みには、特殊な読み方をするものがあります。たとえば「雪」一字の訓読みは「ゆき」ですが、「吹雪」と書くと「ふぶき」、「雪崩」と書くと「なだれ」と読みます。このように、中学までに習う特殊な訓読み（熟字訓・当て字）の語のうちよく出るものを下記にまとめました。確実に読めるようにしておきましょう。

- 明日（あす）
- 小豆（あずき）
- 硫黄（いおう）
- 意気地（いくじ）
- 田舎（いなか）
- 海原（うなばら）
- 乳母（うば）
- 浮つく（うわつく）
- 笑顔（えがお）
- 叔父・伯父（おじ）
- 大人（おとな）
- 乙女（おとめ）
- 叔母・伯母（おば）
- お巡りさん（おまわりさん）
- 風邪（かぜ）
- 仮名（かな）
- 為替（かわせ）
- 果物（くだもの）

- 心地（ここち）
- 早乙女（さおとめ）
- 差し支える（さしつかえる）
- 五月晴れ（さつきばれ）
- 早苗（さなえ）
- 五月雨（さみだれ）
- 時雨（しぐれ）
- 竹刀（しない）
- 芝生（しばふ）
- 三味線（しゃみせん）
- 砂利（じゃり）
- 白髪（しらが）
- 相撲（すもう）
- 草履（ぞうり）
- 太刀（たち）
- 立ち退く（たちのく）
- 足袋（たび）
- 梅雨（つゆ）

- 凸凹（でこぼこ）
- 名残（なごり）
- 雪崩（なだれ）
- 博士（はかせ）
- 二十・二十歳（はたち）
- 波止場（はとば）
- 日和（ひより）
- 吹雪（ふぶき）
- 迷子（まいご）
- 土産（みやげ）
- 息子（むすこ）
- 紅葉（もみじ）
- 木綿（もめん）
- 最寄り（もより）
- 八百屋（やおや）
- 大和（やまと）
- 行方（ゆくえ）
- 若人（わこうど）

3時間目

難易度Ⅲ

3時間目は試験で200点中135点を目指すレベルです。
合格範囲内の140点まであと少しです。
気合いを入れてがんばりましょう。

3時間目

難易度Ⅲ

読み①

●次の――線の漢字の読みをひらがなで記せ。

□ 1 献身的に母の看病をする。
□ 2 償いの気持ちを行動で示す。
□ 3 硬軟おりまぜて相手を説得する。
□ 4 注目の証人が出廷した。
□ 5 俊足を買われ代表に起用された。
□ 6 襟足をバリカンで刈り上げる。
□ 7 親友との約束を履行する。
□ 8 渦巻き模様のふろしきを買った。
□ 9 必死の消火活動が延焼を防いだ。
□ 10 その機関は内閣府の管轄だ。
□ 11 稚拙な言葉遣いを直す。
□ 12 集中治療室から一般病棟へ移る。
□ 13 失敗して閑職に左遷された。
□ 14 母の形見のかんざしを挿した。
□ 15 保育施設を拡充する公約を述べた。
□ 16 弊社の福利厚生は充実している。
□ 17 激戦の末、名人位を奪還した。
□ 18 恩師に著書を謹んで差し上げる。

目標時間 3分

あなたの学習の優先度は？
□A □B □C

使い方は20ページ

□ 19 侮辱の言葉に憤然として退席する。［　　］

□ 20 試合に惜敗し苦汁をなめた。［　　］

□ 21 卒業式の校歌斉唱を伴奏する。［　　］

□ 22 彼は俊才の誉れが高い。［　　］

□ 23 困難な課題をみごとに完遂した。［　　］

□ 24 現地人が崇拝する神の彫り物だ。［　　］

□ 25 喪中のため、年賀状を控える。［　　］

□ 26 仲介業者に手数料を払う。［　　］

□ 27 刃先を人に向けてはならない。［　　］

□ 28 信念と実行力を併せ持つ人物だ。［　　］

□ 29 相手の持論を喝破し共感を得た。［　　］

□ 30 駐屯地に家族から電報が届く。［　　］

□ 31 酢酸は人体にとって重要な物質だ。［　　］

□ 32 企業倫理の在り方が問われている。［　　］

標準解答

1 けんしん
2 つぐな
3 こうなん
4 しゅってい
5 しゅんそく
6 えりあし
7 りこう
8 うずま
9 えんしょう
10 かんかつ
11 ちせつ
12 びょうとう
13 させん
14 さ
15 かくじゅう
16 へいしゃ
17 だっかん
18 つつし
19 ふんぜん
20 くじゅう
21 せいしょう
22 しゅんさい
23 かんすい
24 すうはい
25 もちゅう
26 ちゅうかい
27 はさき
28 あわ
29 かっぱ
30 ちゅうとん
31 さくさん
32 りんり

11 稚拙《ちせつ》→未熟でへたなこと。
13 左遷《させん》→前より低い地位におとすこと。
19 憤然《ふんぜん》→激しく怒ること。
29 喝破《かっぱ》→誤った説を退け、真実を言い切ること。
30 駐屯《ちゅうとん》→軍隊がある土地にとどまること。

点線で折り、解答を隠しても使えます！

3時間目

難易度Ⅲ

読み②

●次の——線の漢字の読みをひらがなで記せ。

□ 1 山頂からの眺望がすばらしい。〔　　〕

□ 2 車寄せで貴賓をお迎えする。〔　　〕

□ 3 議論の末、折衷案を提示した。〔　　〕

□ 4 シャツに墨汁をこぼしてしまった。〔　　〕

□ 5 文章の巧拙が読後感を左右する。〔　　〕

□ 6 教養課程はすでに履修済みだ。〔　　〕

□ 7 自由奔放な生き方にあこがれる。〔　　〕

□ 8 八世紀には遷都が繰り返された。〔　　〕

□ 9 赤ん坊の泣き声で話を遮られた。〔　　〕

□ 10 春向きの混紡のブラウスを着る。〔　　〕

□ 11 舞台で王侯の劇を演じた。〔　　〕

□ 12 夫は面長な顔に特徴がある。〔　　〕

□ 13 巨匠として殊に名高い人物だ。〔　　〕

□ 14 難病の平癒をひたすら祈った。〔　　〕

□ 15 職を失い生活が窮迫している。〔　　〕

□ 16 幕末の動乱期に粛清が横行した。〔　　〕

□ 17 一抹の不安を押し隠す。〔　　〕

□ 18 タイトルにふさわしい扉絵だ。〔　　〕

目標時間 3分

あなたの学習の優先度は？
□A □B □C
使い方は20ページ

19 規則の**大枠**を取り決める。［　　］

20 **泰然**とした姿の山が見える。［　　］

21 魚を焦がして部屋中が**臭**い。［　　］

22 外見の**美醜**より中身が肝心だ。［　　］

23 おぼれている子を**命懸**けで助ける。［　　］

24 **純朴**な少年の面影を残している。［　　］

25 孤独を**忍**んで耐える。［　　］

26 父は兄の意見に**肯定**的だ。［　　］

27 **生**まじめな性格で信用を得た。［　　］

28 功績により**爵位**を授与された。［　　］

29 彼は**質朴**で信頼に足る人だ。［　　］

30 **毛嫌**いせずに体験してみよう。［　　］

31 **肌合**いがよい産着を選ぶ。［　　］

32 幼児に道路で遊ばないよう**諭**す。［　　］

標準解答

1 ちょうぼう
2 きひん
3 せっちゅう
4 ぼくじゅう
5 こうせつ
6 りしゅう
7 ほんぽう
8 せんと
9 さえぎ
10 こんぼう
11 おうこう
12 おもなが
13 こと
14 へいゆ
15 きゅうはく
16 しゅくせい
17 いちまつ
18 とびらえ
19 おおわく
20 たいぜん
21 くさ
22 びしゅう
23 いのちが
24 じゅんぼく
25 しの
26 こうてい
27 き
28 しゃくい
29 しつぼく
30 けぎら
31 はだあ
32 さと

3 **折衷**《せっちゅう》→複数の考えのよい点を一つにまとめること。

14 **平癒**《へいゆ》→病気が全快すること。

16 **粛清**《しゅくせい》→厳しく取り締まり、不純なものを除くこと。

20 **泰然**《たいぜん》→落ち着いていて物に動じない様子。

29 **質朴**《しつぼく》→飾りけがなく、素直なこと。

点線で折り、解答を隠しても使えます！

3時間目

難易度Ⅲ

読み③

目標時間 3分

あなたの学習の優先度は?
□A □B □C
使い方は20ページ

●次の——線の漢字の読みをひらがなで記せ。

□ 1 活動内容を概括して報告する。 〔　　〕
□ 2 ずる休みをして惰眠をむさぼる。 〔　　〕
□ 3 財源をどう賄うかが問題だ。 〔　　〕
□ 4 三軒の別邸を所有している。 〔　　〕
□ 5 テントを張り渓谷で一泊する。 〔　　〕
□ 6 日課の運動のお陰で体は頑健だ。 〔　　〕
□ 7 鉢巻き姿の子供が太鼓をたたく。 〔　　〕
□ 8 悠久の昔に思いをはせる。 〔　　〕
□ 9 岩礁を避けて観光船が通る。 〔　　〕
□ 10 納め過ぎた税金が還付される。 〔　　〕
□ 11 雲間に下弦の月がぼんやり見える。 〔　　〕
□ 12 芸能記事に潤色を加えた。 〔　　〕
□ 13 芸能人の年齢詐称が発覚した。 〔　　〕
□ 14 成績がふるわず首位から陥落する。 〔　　〕
□ 15 成果重視の報酬体系を導入する。 〔　　〕
□ 16 一丸となって宿敵を粉砕する。 〔　　〕
□ 17 スープが沸々と煮えている。 〔　　〕
□ 18 身内間での争いは醜いものだ。 〔　　〕

□ 19 運動靴の底が摩滅した。［　　］

□ 20 粗末なものですがご笑納ください。［　　］

□ 21 説得力のある秀逸な論理展開だ。［　　］

□ 22 十年かけて負債を償却した。［　　］

□ 23 もちの入った甘い汁粉をいただく。［　　］

□ 24 戸棚に食器が整然と並んでいる。［　　］

□ 25 ホテルの部屋の備品は滅菌済みだ。［　　］

□ 26 碁盤の目のような区画だ。［　　］

□ 27 手品の最後に紙吹雪を散らした。［　　］

□ 28 取引先との癒着が発覚した。［　　］

□ 29 あいさつがなく失礼も甚だしい。［　　］

□ 30 料理を漆器に盛りつける。［　　］

□ 31 外科医として病院に勤める。［　　］

□ 32 頻出問題を中心に学習する。［　　］

標準解答

1 がいかつ
2 だみん
3 まかな
4 べってい
5 けいこく
6 がんけん
7 はちま
8 ゆうきゅう
9 がんしょう
10 かんぷ
11 かげん
12 じゅんしょく
13 さしょう
14 かんらく
15 ほうしゅう
16 ふんさい
17 ふつふつ
18 みにく
19 まめつ
20 しょうのう
21 しゅういつ
22 しょうきゃく
23 しるこ
24 とだな
25 めっきん
26 ごばん
27 かみふぶき
28 ゆちゃく
29 はなは
30 しっき
31 げか
32 ひんしゅつ

1 **概括**《がいかつ》→ざっとまとめること。
8 **悠久**《ゆうきゅう》→果てしなく長く続いていること。
11 **下弦**《かげん》→満月から次の新月に至る中間の半月。
21 **秀逸**《しゅういつ》→他より抜きん出てすぐれていること。
28 **癒着**《ゆちゃく》→本来離れているべきものがくっつくこと。

点線で折り、解答を隠しても使えます！

3時間目

難易度Ⅲ

読み④

目標時間 3分

●次の——線の漢字の読みをひらがなで記せ。

□ 1 長年の使用で木べらが摩耗した。［　　］

□ 2 卒業旅行の準備を調える。［　　］

□ 3 船舶の操縦には免許が必要だ。［　　］

□ 4 迷妄を払い去り悟りを開く。［　　］

□ 5 反物を羽織に仕立てた。［　　］

□ 6 子供が好きで教諭になった。［　　］

□ 7 現役を退き、安寧な日々を送る。［　　］

□ 8 触媒に二酸化マンガンを使う。［　　］

□ 9 緑が枯れ果て荒涼としている。［　　］

□ 10 考古学者らが貝塚を調査する。［　　］

□ 11 監督が審判に抗議した。［　　］

□ 12 運動中枢を刺激する作用の薬だ。［　　］

□ 13 升目通りの分量で調理する。［　　］

□ 14 実力伯仲の大接戦に興奮した。［　　］

□ 15 滝に打たれ惰弱な精神を鍛える。［　　］

□ 16 懸案事項を会議で話し合った。［　　］

□ 17 山肌は幾重もの棚田になっている。［　　］

□ 18 追悼会で故人をしのぶ。［　　］

あなたの学習の優先度は？

□A □B □C

使い方は20ページ

19 英詩の韻律について研究する。

20 道路の陥落した跡が生々しい。

21 初めての著書を恩師に謹呈する。

22 葬儀は粛々と執り行われた。

23 安全保障条約を批准する。

24 今月は五月雨式にテストがある。

25 渦潮に巻き込まれ、転覆しかけた。

26 事態を等閑視して報いを受けた。

27 成人した娘は渋皮がむけた。

28 猟銃でクマを仕留めた。

29 子供が増えて家が手狭になった。

30 聖火ランナーが炎を受け渡す。

31 志望校に辛うじて合格した。

32 映画の撮影で廃屋を利用する。

標準解答

1 まもう
2 ととの
3 せんぱく
4 めいもう
5 たんもの
6 きょうゆ
7 あんねい
8 しょくばい
9 こうりょう
10 かいづか
11 かんとく
12 ちゅうすう
13 ますめ
14 はくちゅう
15 だじゃく
16 けんあん
17 たなだ
18 ついとう
19 いんりつ
20 かんらく
21 きんてい
22 しゅくしゅく
23 ひじゅん
24 さみだれ
25 うずしお
26 とうかんし
27 しぶかわ
28 りょうじゅう
29 てぜま
30 ほのお
31 かろ
32 はいおく

5 **反物**《たんもの》→和服用の織物のこと。反は布の長さの単位。

8 **触媒**《しょくばい》→自らは変化をせず、化学反応を促進させる物質。

9 **荒涼**《こうりょう》→荒れはててさびしい様子。

26 **等閑視**《とうかんし》→注意を払わず、放置しておくこと。

27 **渋皮**《しぶかわ》**がむける**→あか抜ける。洗練される。

点線で折り、解答を隠しても使えます！

3時間目

難易度Ⅲ

読み⑤

目標時間 3分

あなたの学習の優先度は？
□A □B □C
使い方は20ページ

●次の——線の漢字の読みをひらがなで記せ。

□ 1 時間を**割**いて後輩の相談に乗る。
□ 2 学界の**泰斗**として知られる。
□ 3 自己の有能さを殊更に**顕示**する。
□ 4 **氏神**様に一年間の安寧を祈願する。
□ 5 **誘拐**事件が急転直下して解決した。
□ 6 野菜の収穫に**助太刀**を頼む。
□ 7 異郷の地で**幽囚**の身となる。
□ 8 酔いが回って**醜態**をさらした。
□ 9 上質な**生糸**を西欧諸国に輸出する。
□ 10 ゴム底の靴を**履**いて雪道を歩く。
□ 11 要人からの書簡を**披見**する。
□ 12 **寛容**の精神をもって事に当たる。
□ 13 往事の**面影**を今にとどめている。
□ 14 街頭で**献血**への協力を求める。
□ 15 時間の都合で説明を**割愛**する。
□ 16 信徒からの**浄財**で本堂を再建した。
□ 17 道路が**陥没**して通行不能となる。
□ 18 雄大な山並みに夕日が**映**える。

□ 19 風邪をこじらせて肺炎を併発する。【　　】

□ 20 愛読誌が廃刊になった。【　　】

□ 21 枯渇した水源に慈雨が降り注いだ。【　　】

□ 22 ピンチに強いのが真骨頂だ。【　　】

□ 23 日本の宰相は総理大臣と呼ばれる。【　　】

□ 24 悪循環を断つのが急務だ。【　　】

□ 25 南極越冬隊が無事に生還した。【　　】

□ 26 呉服店で結婚式用の着物を買った。【　　】

□ 27 兄は過酷な労働に音を上げた。【　　】

□ 28 会議で旧弊な規則を見直した。【　　】

□ 29 交渉が決裂し、罷業権を行使した。【　　】

□ 30 産地を偽装した食品を回収する。【　　】

□ 31 抗菌加工なので子供にも安心だ。【　　】

□ 32 猛威を振るった悪疫が治まる。【　　】

標準解答

1 さ
2 たいと
3 けんじ
4 うじがみ
5 ゆうかい
6 すけだち
7 ゆうしゅう
8 しゅうたい
9 きいと
10 は
11 ひけん
12 かんよう
13 おもかげ
14 けんけつ
15 かつあい
16 じょうざい
17 かんぼつ
18 は
19 へいはつ
20 はいかん
21 じう
22 しんこっちょう
23 さいしょう
24 じゅんかん
25 せいかん
26 ごふく
27 かこく
28 きゅうへい
29 ひぎょう
30 ぎそう
31 こうきん
32 あくえき

2 泰斗《たいと》→その道で最も認められている人物。
3 顕示《けんじ》→目立つように示すこと。
7 幽囚《ゆうしゅう》→捕らえられて閉じ込められること。
12 寛容《かんよう》→心が広く、人の言動を受け入れること。
16 浄財《じょうざい》→宗教団体などに寄付する金銭。
28 旧弊《きゅうへい》→古い風習にとらわれる様子。
29 罷業《ひぎょう》→わざと仕事をしないこと。

点線で折り、解答を隠しても使えます！

3時間目

難易度Ⅲ

部首

目標時間 4分

●次の漢字の部首を記せ。

□1 青［　　］

□2 膨［　　］

□3 虚［　　］

□4 碁［　　］

□5 塁［　　］

□6 赴［　　］

□7 凸［　　］

□8 窯［　　］

□9 昆［　　］

□10 崇［　　］

□11 准［　　］

□12 宵［　　］

□13 叙［　　］

□14 栽［　　］

□15 尉［　　］

□16 貢［　　］

□17 弊［　　］

□18 秀［　　］

□19 掌［　　］

□20 戻［　　］

□21 呈［　　］

□22 奔［　　］

□23 充［　　］

□24 翁［　　］

あなたの学習の優先度は？
□A □B □C
使い方は20ページ

25 献 〔　　〕
26 衷 〔　　〕
27 尿 〔　　〕
28 勅 〔　　〕
29 旋 〔　　〕
30 虞 〔　　〕
31 褒 〔　　〕
32 瓶 〔　　〕
33 韻 〔　　〕
34 刃 〔　　〕
35 寧 〔　　〕
36 誉 〔　　〕
37 煩 〔　　〕
38 劾 〔　　〕
39 剖 〔　　〕
40 享 〔　　〕
41 磨 〔　　〕
42 我 〔　　〕
43 嗣 〔　　〕
44 克 〔　　〕

標準解答

1 青（あお）
2 月（にくづき）
3 虍（とらがしら）
4 石（いし）
5 土（つち）
6 走（そうにょう）
7 凵（うけばこ）
8 穴（あなかんむり）
9 日（ひ）
10 山（やま）
11 冫（にすい）
12 宀（うかんむり）
13 又（また）
14 木（き）
15 寸（すん）
16 貝（かい）
17 廾（こまぬき）
18 禾（のぎ）
19 手（て）
20 戸（とだれ）
21 口（くち）
22 大（だい）
23 儿（ひとあし）
24 羽（はね）
25 犬（いぬ）
26 衣（ころも）
27 尸（かばね）
28 力（ちから）
29 方（ほうへん）
30 虍（とらがしら）
31 衣（ころも）
32 瓦（かわら）
33 音（おと）
34 刀（かたな）
35 宀（うかんむり）
36 言（げん）
37 火（ひへん）
38 力（ちから）
39 刂（りっとう）
40 亠（なべぶた）
41 石（いし）
42 戈（ほこづくり）
43 口（くち）
44 儿（ひとあし）

点線で折り、解答を隠しても使えます！

3時間目

難易度Ⅲ

熟語の構成

目標時間 3分

あなたの学習の優先度は?
□A □B □C
使い方は20ページ

●熟語の構成のしかたには、次のようなものがある。

ア 同じような意味の字を重ねたもの（例 岩石）
イ 反対または対応の意味を表す字を重ねたもの（例 高低）
ウ 上の字が下の字を修飾しているもの（例 洋画）
エ 下の字が上の字の目的語・補語になっているもの（例 着席）
オ 上の字が下の字の意味を打ち消しているもの（例 非常）

●次の熟語は右のア～オのどれに当たるか、一つ選んで記号を記せ。

□1 克己〔　　〕
□2 併記〔　　〕
□3 核心〔　　〕
□4 不遇〔　　〕
□5 殉職〔　　〕
□6 疎密〔　　〕
□7 尊卑〔　　〕
□8 出納〔　　〕
□9 弔辞〔　　〕
□10 出廷〔　　〕
□11 貴賓〔　　〕
□12 去就〔　　〕

□ 13 挑戦〔　〕

□ 14 免疫〔　〕

□ 15 隠顕〔　〕

□ 16 邪推〔　〕

□ 17 緒論〔　〕

□ 18 擬似〔　〕

□ 19 洞穴〔　〕

□ 20 座礁〔　〕

□ 21 遷都〔　〕

□ 22 愉悦〔　〕

□ 23 添削〔　〕

□ 24 奨学〔　〕

□ 25 贈賄〔　〕

□ 26 筆禍〔　〕

□ 27 解剖〔　〕

□ 28 勅使〔　〕

標準解答

1 エ「打ち克《か》つ↑己に」の意
2 ウ「あわせて↓記す」の意
3 ア 核も心も「中心」の意
4 オ よい機会にめぐり遇《あ》えないこと
5 エ「殉ずる↑職務に」の意
6 イ「まばら（疎）」↕「密」
7 イ「尊い」↕「卑しい」
8 イ「（金品などを）出す」↕「納める」
9 ウ「弔う↓ことば（辞）」の意
10 エ「出頭する↑法廷に」の意

11 ウ「身分の高い（貴）↓客（賓）」の意
12 イ「（地位を）去る」↕「就く」
13 エ「挑む↑戦いを」の意
14 エ「免れる↑疫病を」の意
15 イ「隠れる」↕「顕《あらわ》れる」の意
16 ウ「悪く（邪）↓推量する」の意
17 ウ「端緒となる↓本論」の意
18 ア 擬も似も「似ている」の意
19 ア 洞も穴も「あな」の意
20 エ「乗り上げて居座る↑（船が）暗礁に」の意

21 エ「遷《うつ》す↑都を」の意
22 ア 愉も悦も「楽しい」の意
23 イ「書き加える（添）」↕「削る」
24 エ「奨励する↑学問を」の意
25 エ「贈る↑賄賂《ろ》を」の意
26 ウ「記事（筆）による↓禍（わざわい）」の意
27 ア 解も剖も「ばらばらにする」の意
28 ウ「天皇の命令（勅）を伝える↓使者」の意

点線で折り、解答を隠しても使えます！

3時間目
難易度Ⅲ

対義語・類義語①

目標時間 6分

あなたの学習の優先度は？
□A □B □C
使い方は20ページ

●次の□の中の語を一度だけ使って漢字に直し、対義語・類義語を記せ。

対義語

□ 1 服従［　　］
□ 2 隆起［　　］
□ 3 繊細［　　］
□ 4 寛大［　　］

類義語

□ 5 交渉［　　］
□ 6 間隔［　　］
□ 7 動転［　　］
□ 8 不意［　　］

ぎょうてん・きょり・げんかく・ごうほう・
だんぱん・ちんこう・ていこう・とうとつ

対義語

□ 9 左遷［　　］
□ 10 臨時［　　］
□ 11 醜聞［　　］
□ 12 借用［　　］

類義語

□ 13 時流［　　］
□ 14 調停［　　］
□ 15 辛苦［　　］
□ 16 周到［　　］

えいてん・こうれい・たいよ・ちゅうさい・
なんぎ・ふうちょう・めいせい・めんみつ

対義語

□ 17 懐柔〔　　〕

□ 18 廃棄〔　　〕

□ 19 諮問〔　　〕

□ 20 悠長〔　　〕

類義語

□ 21 激励〔　　〕

□ 22 踏襲〔　　〕

□ 23 酌量〔　　〕

□ 24 尾行〔　　〕

いあつ・けいしょう・こうりょ・こぶ・せいきゅう・ついせき・とうしん・ほぞん

対義語

□ 25 悲鳴〔　　〕

□ 26 遠方〔　　〕

□ 27 荘重〔　　〕

□ 28 仙境〔　　〕

類義語

□ 29 哀訴〔　　〕

□ 30 顕著〔　　〕

□ 31 現今〔　　〕

□ 32 変遷〔　　〕

えんかく・かんせい・きんりん・けいかい・ぞっかい・たんがん・とうせつ・れきぜん

標準解答

1 抵抗《ていこう》
2 沈降《ちんこう》
3 豪放《ごうほう》
4 厳格《げんかく》
5 談判《だんぱん》
6 距離《きょり》
7 仰天《ぎょうてん》
8 唐突《とうとつ》

---

9 栄転《えいてん》
10 恒例《こうれい》
11 名声《めいせい》
12 貸与《たいよ》
13 風潮《ふうちょう》
14 仲裁《ちゅうさい》
15 難儀《なんぎ》
16 綿密《めんみつ》

---

17 威圧《いあつ》
18 保存《ほぞん》
19 答申《とうしん》
20 性急《せいきゅう》
21 鼓舞《こぶ》
22 継承《けいしょう》
23 考慮《こうりょ》
24 追跡《ついせき》

---

25 歓声《かんせい》
26 近隣《きんりん》
27 軽快《けいかい》
28 俗界《ぞっかい》
29 嘆願《たんがん》
30 歴然《れきぜん》
31 当節《とうせつ》
32 沿革《えんかく》

点線で折り、解答を隠しても使えます！

3時間目

難易度Ⅲ

対義語・類義語②

目標時間
6分

あなたの学習の優先度は？
□A □B □C
使い方は20ページ

●次の□の中の語を一度だけ使って漢字に直し、対義語・類義語を記せ。

対義語

□1 拡大〔　　〕
□2 零落〔　　〕
□3 遺失〔　　〕
□4 粗雑〔　　〕

類義語

□5 頑丈〔　　〕
□6 貯蔵〔　　〕
□7 心酔〔　　〕
□8 均衡〔　　〕

えいたつ・けいとう・けんご・しゅうとく・しゅくしょう・ちょうわ・びちく・めんみつ

対義語

□9 受理〔　　〕
□10 緩慢〔　　〕
□11 古豪〔　　〕
□12 頒布〔　　〕

類義語

□13 美風〔　　〕
□14 無言〔　　〕
□15 親友〔　　〕
□16 利発〔　　〕

かいしゅう・きゃっか・しんえい・じんそく・ちき・ちんもく・めいびん・りょうぞく

対義語

- □ 17 多幸〔　　〕
- □ 18 暫時〔　　〕
- □ 19 希釈〔　　〕
- □ 20 埋蔵〔　　〕

類義語

- □ 21 紛糾〔　　〕
- □ 22 共済〔　　〕
- □ 23 口論〔　　〕
- □ 24 周辺〔　　〕

きんりん・こうきゅう・ごじょ・こんらん・ぜっせん・のうしゅく・はっくつ・はっこう

対義語

- □ 25 冗漫〔　　〕
- □ 26 消耗〔　　〕
- □ 27 介入〔　　〕
- □ 28 悠長〔　　〕

類義語

- □ 29 道端〔　　〕
- □ 30 落胆〔　　〕
- □ 31 陳列〔　　〕
- □ 32 卓越〔　　〕

かんけつ・しょうちん・たんき・ちくせき・てんじ・ひぼん・ぼうかん・ろぼう

標準解答

1 縮小《しゅくしょう》　2 栄達《えいたつ》　3 拾得《しゅうとく》　4 綿密《めんみつ》

5 堅固《けんご》　6 備蓄《びちく》　7 傾倒《けいとう》　8 調和《ちょうわ》

---

9 却下《きゃっか》　10 迅速《じんそく》　11 新鋭《しんえい》　12 回収《かいしゅう》

13 良俗《りょうぞく》　14 沈黙《ちんもく》　15 知己《ちき》　16 明敏《めいびん》

---

17 薄幸《はっこう》　18 恒久《こうきゅう》　19 濃縮《のうしゅく》　20 発掘《はっくつ》

21 混乱《こんらん》　22 互助《ごじょ》　23 舌戦《ぜっせん》　24 近隣《きんりん》

---

25 簡潔《かんけつ》　26 蓄積《ちくせき》　27 傍観《ぼうかん》　28 短気《たんき》

29 路傍《ろぼう》　30 消沈《しょうちん》　31 展示《てんじ》　32 非凡《ひぼん》

点線で折り、解答を隠しても使えます!

送りがな

目標時間 4分

あなたの学習の優先度は?
□A □B □C
使い方は20ページ

●次の――線のカタカナを漢字一字と送りがな（ひらがな）で記せ。

□ 1 肉料理には野菜を必ずソエル。

□ 2 指名手配中の犯人がツカマッタ。

□ 3 希望の商品はアツカワレていない。

□ 4 包丁の切れがニブイ。

□ 5 自分の肖像画を水彩でエガク。

□ 6 長い年月がたてば記憶もウスラグ。

□ 7 何者かによって宝石がヌスマれた。

□ 8 手下をアヤツッテ悪事をはたらく。

□ 9 守備範囲をセバメル作戦を立てた。

□ 10 服をタタンデたんすにしまう。

□ 11 火災で多大な損害をコウムッタ。

□ 12 彼女への愛情はツキルことがない。

□ 13 村の人口の急激な減少をオソレル。

□ 14 子供の気持ちをフマエテ考える。

□ 15 風雨で窓ガラスがヨゴレル。

□ 16 褒められてホコラシイ気持ちだ。

□ 17 クチタ大木が横たわっている。

□ 18 指先にばらのとげがササッた。

19 飛行機が雲間にカクレテしまった。

20 致命的な失敗をオカス。

21 水道工事でニゴリ水が出た。

22 無責任な発言にマドワサれた。

23 長年愛用していた時計がコワレタ。

24 クルオシイほどの渇きを覚えた。

25 孤島はメズラシイ植物の宝庫だ。

26 退職した恩師の自宅へウカガッタ。

27 レポートの提出期限がセマル。

28 劇薬に直接サワルのは危険だ。

29 サビレタ温泉地を訪ねる。

30 夫はいざという時にタノモシイ。

31 検証に長時間をツイヤシた。

32 ナゲカワシイ事件が多い。

標準解答

1 添える
2 捕まった
3 扱われ
4 鈍い
5 描く
6 薄らぐ
7 盗ま
8 操って
9 狭める
10 畳んで
11 被った
12 尽きる
13 恐れる
14 踏まえて
15 汚れる
16 誇らしい
17 朽ちた
18 刺さっ
19 隠れて
20 犯す
21 濁り
22 惑わさ
23 壊れた
24 狂おしい
25 珍しい
26 伺った
27 迫る
28 触る
29 寂れた
30 頼もしい
31 費やし
32 嘆かわしい

点線で折り、解答を隠しても使えます！

3時間目

難易度Ⅲ

四字熟語

目標時間
5分

あなたの学習の優先度は?
□A □B □C
使い方は20ページ

●次の□内に漢字一字を入れて四字熟語を完成させよ。

□ 1 遺□千万
思い通りにいかず大変残念なこと。

□ 2 信賞必□
功績があれば必ずほめたたえ、罪過があれば必ず制裁する。

□ 3 □励努力
気力をふるいおこして励むこと。

□ 4 □風堂堂
近寄りがたいほどおごそかで立派な様子。

□ 5 先憂後□
政治を行う者は民より先に心配し、たのしみは民の後にするという戒め。

□ 6 □忍自重
苦しみなどをじっとこらえ、軽々しい行動をしないこと。

□ 7 一□百戒
一人をこらしめることで人々を戒めること。

□ 8 故事来□
物事の由来、言い伝え。

□ 9 主□転倒
立場や順序などが逆転すること。

□ 10 鯨飲□食
一度にたくさん飲み食いすること。

□ 11 昼夜□行
日夜休まず業務を行うこと。

□ 12 温□篤実
穏やかであたたかく誠実なこと。

□ 13 無□徒食
何もしないで、無駄に日々を過ごすこと。

□ 14 不即不□
互いがつかずはなれずの関係にあること。

□ 15 安寧秩□
社会が平穏で、安定していること。

□ 16 外□内剛
外見は穏当でも意志は強いこと。

□ 17 暗雲低□
前途不安な状態が続くさま。

□ 18 吉□禍福
運勢や縁起などのよしあし。

□ 19 佳人□命
美人は不幸なことが多く、命が短いということ。

□ 20 熟□断行
よく考えたうえで思い切って実行すること。

□ 21 □面仏心
怖そうに見えて、実は非常に優しく穏やかであること、またそのような人。

□ 22 □非善悪
善いことと悪いこと。

□ 23 □遍妥当
すべてのものにあてはまること。

□ 24 人面□心
冷酷で、人の恩や情けを知らない人。義理人情をわきまえない人。

□ 25 □髪衝天
髪が逆立つほど激しくいかる様子。

□ 26 粗□粗食
簡素で質素な暮らしのたとえ。

□ 27 要害□固
防備がかたく、容易には破られないこと。

標準解答

1 遺憾千万《いかんせんばん》
2 信賞必罰《しんしょうひつばつ》
3 奮励努力《ふんれいどりょく》
4 威風堂堂《いふうどうどう》
5 先憂後楽《せんゆうこうらく》
6 隠忍自重《いんにんじちょう》
7 一罰百戒《いちばつひゃっかい》
8 故事来歴《こじらいれき》
9 主客転倒《しゅかくてんとう》
10 鯨飲馬食《げいいんばしょく》
11 昼夜兼行《ちゅうやけんこう》
12 温厚篤実《おんこうとくじつ》
13 無為徒食《むいとしょく》
14 不即不離《ふそくふり》
15 安寧秩序《あんねいちつじょ》
16 外柔内剛《がいじゅうないごう》
17 暗雲低迷《あんうんていめい》
18 吉凶禍福《きっきょうかふく》
19 佳人薄命《かじんはくめい》
20 熟慮断行《じゅくりょだんこう》
21 鬼面仏心《きめんぶっしん》
22 是非善悪《ぜひぜんあく》
23 普遍妥当《ふへんだとう》
24 人面獣心《じんめんじゅうしん》
25 怒髪衝天《どはつしょうてん》
26 粗衣粗食《そいそしょく》
27 要害堅固《ようがいけんご》

点線で折り、解答を隠しても使えます!

3時間目

難易度Ⅲ

誤字訂正

目標時間
4分

あなたの学習の優先度は？
□A □B □C
使い方は20ページ

●次の各文に間違って使われている同じ読みの漢字が一字ある。上に誤字を、下に正しい漢字を記せ。

□ 1 消費者の質問に速座に回答するのが、企業の顧客担当係の使命だ。 〔　↓　〕

□ 2 今話題の園芸の展示会は、連日男女問わず人気があり、勢況だった。 〔　↓　〕

□ 3 地方自治体に子供や一人暮らしの高齢者への補助金と支縁を要請した。 〔　↓　〕

□ 4 記録的な大雨が降り、下流の河川は瞬く間に警怪水域を超えた。 〔　↓　〕

□ 5 攻菌薬には多種類あるので、医師には適正に選択することが望まれる。 〔　↓　〕

□ 6 間接照明や引き出し等の便利な機能が家具に供えられており、利用しやすい。 〔　↓　〕

□ 7 国連平和依持活動に参加するため、日本の自衛隊が海外に派遣された。 〔　↓　〕

□ 8 間近で見る短距離走選手の脅異的な速さに、観客らは大歓声を上げた。 〔　↓　〕

□ **9** 憲法で国民の表現の自由が制限されている状況では風詞も命懸けの行動だ。［　↓　］

□ **10** 災害時に備えて、日ごろから非難する方法を家族で確認するのは重要だ。［　↓　］

□ **11** 妹は舞謡の発表用に新調した深紅の衣装を皆の前で誇らしげに披露した。［　↓　］

□ **12** 養子援組によって新たな幸福を得た夫婦たちが集まり、意見交換を行った。［　↓　］

□ **13** 病院の事務職を志望して、医糧に関連する広範な専門知識を習得した。［　↓　］

□ **14** 野山を友人と散錯した際、クマの足跡や動物の食べ残した木の実を発見した。［　↓　］

標準解答

1 速↓即
2 勢↓盛
3 縁↓援
4 怪↓戒
5 攻↓抗
6 供↓備
7 依↓維
8 脅↓驚
9 詞↓刺
10 非↓避
11 謡↓踊
12 援↓縁
13 糧↓療
14 錯↓策

2 **盛況**《せいきょう》↓催しなどに多くの人が集まって、にぎやかで盛んな様子。
8 **驚異**《きょうい》↓不思議がり、驚くこと。
9 **風刺**《ふうし》↓社会や人物を遠回しに批判すること。
12 **縁組**《えんぐみ》↓法律上で養子、養女などの親子関係を結ぶこと。

点線で折り、解答を隠しても使えます!

3時間目

難易度Ⅲ

書き取り①

目標時間 4分

●次の――線のカタカナを漢字に直せ。

□ 1 言論のダンアツを非難する。
□ 2 わが社がホコる画期的な新商品だ。
□ 3 現場で大勢のドゴウが飛び交う。
□ 4 級友のカゲグチをたたく。
□ 5 親鳥がひなにえさをアタえる。
□ 6 ツバメがノキシタに巣を作った。
□ 7 組み体操でカタグルマをする。
□ 8 メスの方が大きい昆虫は多い。
□ 9 吉報が期待感をゾウフクさせた。
□ 10 草原にケモノが通った形跡がある。
□ 11 神社で家族の無病息災をイノる。
□ 12 口元についたコメツブを取る。
□ 13 驚くべきヤクシンをとげた会社だ。
□ 14 大自然のオンケイに浴する。
□ 15 キョクタンにおとなしい子だ。
□ 16 問い合わせにソクザに返答する。
□ 17 板の間にカーペットをシく。
□ 18 頂から遠くのミネを望む。
□ 19 辞書をクり、語意を調べる。
□ 20 国王からキュウデンに招かれた。

21 イクタの試練を乗り越え優勝した。［　　］
22 オソザきの桜をめでる。［　　］
23 パソコンのヨウトは無限に広がる。［　　］
24 部下の不祥事をシャクメイした。［　　］
25 会長の独断に団体でコウギした。［　　］
26 駅からソウゲイバスを運行する。［　　］
27 故障の原因をツイセキ調査する。［　　］
28 フリカエ休日を返上して働く。［　　］

29 技術のケイショウ者不足に悩む。［　　］
30 どことなくオモムキのある絵画だ。［　　］
31 シキサイの豊かな風景画だ。［　　］
32 排水で川がオダクされている。［　　］
33 台風の接近にケイカイを強める。［　　］
34 不幸な過去はボウキャクしたい。［　　］
35 運動直後はミャクハクが速い。［　　］
36 母はシャミセンを習っている。［　　］

標準解答

1 弾圧
2 誇
3 怒号
4 陰口
5 与
6 軒下
7 肩車
8 雌
9 増幅
10 獣
11 祈
12 米粒
13 躍進
14 恩恵
15 極端
16 即座
17 敷
18 峰
19 繰
20 宮殿
21 幾多
22 遅咲
23 用途
24 釈明
25 抗議
26 送迎
27 追跡
28 振替
29 継承
30 趣
31 色彩
32 汚濁
33 警戒
34 忘却
35 脈拍
36 三味線

点線で折り、解答を隠しても使えます！

3時間目

難易度Ⅲ

書き取り②

目標時間 4分

あなたの学習の優先度は？
□A □B □C
使い方は20ページ

●次の——線のカタカナを漢字に直せ。

□ 1 園児たちがワラベウタを合唱する。[　　]
□ 2 天候の不順で予定がクルう。[　　]
□ 3 父が作る料理はいつもゴウカイだ。[　　]
□ 4 地球はワクセイの一つだ。[　　]
□ 5 静かな場所でモクソウにふける。[　　]
□ 6 いつわらざる心情をトロする。[　　]
□ 7 先生は自宅リョウヨウ中らしい。[　　]
□ 8 雲泥の差でヒカクにならない。[　　]
□ 9 子の手を引き横断歩道をワタる。[　　]
□ 10 女帝はスウキな運命をたどった。[　　]
□ 11 エイユウの帰郷を心待ちにする。[　　]
□ 12 栄誉ある賞をジュヨされた。[　　]
□ 13 身長が伸びて服のタケが短い。[　　]
□ 14 暴力団のコウソウに巻き込まれる。[　　]
□ 15 カンゲイ会の司会を任される。[　　]
□ 16 父親を献身的にカイホウする。[　　]
□ 17 バッソクの規定を緩和する。[　　]
□ 18 鉄板をエンバン状に切り出す。[　　]
□ 19 ダンリョク的な運用が望ましい。[　　]
□ 20 彼はもりで魚をツくのがうまい。[　　]

21 退職時に貸与物をヘンキャクする。

22 カナアミを張り巡らせて警備する。

23 立場が違うとカイシャクが異なる。

24 十年ものサイゲツが過ぎ去った。

25 彼の粘り強さにはキョウタンする。

26 乳児にリニュウ食をたべさせる。

27 ノウムで前方が見えない。

28 祖母の作るニモノは格別だ。

29 野菊の花をツみ墓前に供える。

30 一回勝ったくらいでイバるな。

31 フハイした食料を処分する。

32 行楽にはうってつけのヒヨリだ。

33 紙面の都合で詳細をカツアイする。

34 ワンリョクには自信がある。

35 ロンシを明快にする。

36 事のホッタンは私の間違いからだ。

標準解答

1 童歌
2 狂
3 豪快
4 惑星
5 黙想
6 吐露
7 療養
8 比較
9 渡
10 数奇
11 英雄
12 授与
13 丈
14 抗争
15 歓迎
16 介抱
17 罰則
18 円盤
19 弾力
20 突
21 返却
22 金網
23 解釈
24 歳月
25 驚嘆
26 離乳
27 濃霧
28 煮物
29 摘
30 威張
31 腐敗
32 日和
33 割愛
34 腕力
35 論旨
36 発端

点線で折り、解答を隠しても使えます！

3時間目

難易度Ⅲ

書き取り③

目標時間
4分

●次の――線のカタカナを漢字に直せ。

1 交渉がボウトウから難航した。
2 手持ちの工具をクシして修理した。
3 秘蔵の絵画をカンテイする。
4 火山がフンエンを上げる。
5 相手の意見にゲイゴウする。
6 カラクサ模様のふろしきで包んだ。
7 自説のムジュンを指摘される。
8 車内のアミ棚に荷物を置き忘れた。
9 玄関に色鮮やかな花をカザった。
10 シグレだからすぐにやむだろう。
11 ヒガンには欠かさず墓参りをする。
12 事実を基にキャクショクを加える。
13 市役所でインカン登録をした。
14 体力のイジに余念がない。
15 メバナに受粉して甘い実がなった。
16 シュコウを凝らした料理を作る。
17 両者の実力はほぼゴカクだ。
18 警察が容疑者のソクセキを追った。
19 対外試合で海外にエンセイする。
20 事務機器がタイヨウ年数を迎える。

あなたの学習の優先度は？
□A □B □C
使い方は20ページ

21 社会をフウシする絵を投稿する。

22 姉にエンダンが持ち上がっている。

23 インフルエンザがモウイをふるう。

24 昔は漁業でハンエイした港町だ。

25 近所の住民で神社の草を力る。

26 ガガクの演奏に酔いしれる。

27 懐かしいドウヨウを聞く。

28 戦火で史料がショウシツした。

29 ゾクセツを真に受けてはいけない。

30 夏空に雲がイクエにも重なる。

31 ヒナン勧告が出て荷物をまとめた。

32 主将のシナイが相手の面を突いた。

33 チョウヤク力に優れた陸上選手だ。

34 ノキサキで雨宿りをした。

35 デモ行進で平和をサケぶ。

36 原稿のシッピツ依頼を受ける。

標準解答

1 冒頭
2 駆使
3 鑑定
4 噴煙
5 迎合
6 唐草
7 矛盾
8 網
9 飾
10 時雨
11 彼岸
12 脚色
13 印鑑
14 維持
15 雌花
16 趣向
17 互角
18 足跡
19 遠征
20 耐用
21 風刺
22 縁談
23 猛威
24 繁栄
25 刈
26 雅楽
27 童謡
28 焼失
29 俗説
30 幾重
31 避難
32 竹刀
33 跳躍
34 軒先
35 叫
36 執筆

点線で折り、解答を隠しても使えます!

熟語パズル

問題

□に漢字一字を入れて、二字熟語をそれぞれ4つ作ってみよう。

例

解
風 和 室
服

答え 和［和解　和室
和服　和風

1

刊
除 □ 屋
業

2

整
麗 □ 的
末

3

見
出 □ 頭
骨

4

暇
話 □ 雅
散

答え **1** 廃　**2** 端　**3** 露　**4** 閑

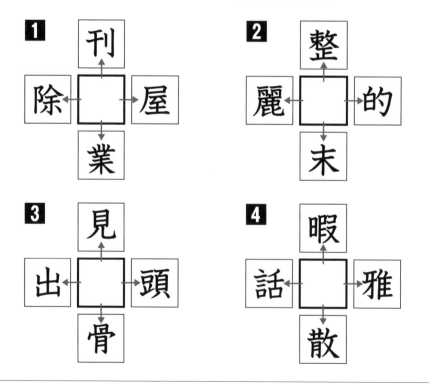

4 時間目

難易度 Ⅳ

いよいよ合格圏内の155点を目指すレベルです。
ここで正答率が高ければ、かなり合格に
近づいたと言えます。

4時間目

難易度Ⅳ

読み①

●次の――線の漢字の読みをひらがなで記せ。

□1 竜宮を想像して絵を描いてみる。〔　〕

□2 身分証明のため戸籍抄本が必要だ。〔　〕

□3 回転しすぎて平衡感覚を失う。〔　〕

□4 国賓の来日で警備が厳重になる。〔　〕

□5 寡少な人数の偵察隊が組まれた。〔　〕

□6 襟を正して面談に臨む。〔　〕

□7 騒ぎが拡大し収拾がつかない。〔　〕

□8 師の崇高な精神に圧倒された。〔　〕

□9 備忘録に毎日の献立を記す。〔　〕

□10 碁石を打つ音が響く。〔　〕

□11 銃の筒先を的に向け発砲した。〔　〕

□12 失業し忍苦の生活をしいられる。〔　〕

□13 功績を認められ叙勲を受けた。〔　〕

□14 予鈴が鳴り生徒が教室に入る。〔　〕

□15 好調な業績で株が騰貴している。〔　〕

□16 煩わしい作業から解放された。〔　〕

□17 怠惰な勤務態度をとがめられた。〔　〕

□18 柱の傷は昔の背比べの名残だ。〔　〕

目標時間 3分

あなたの学習の優先度は？

□A □B □C

使い方は20ページ

□ 19 名品が**頒価**で配られた。［　　］

□ 20 古い制度は**全廃**された。［　　］

□ 21 出家して**尼**になった。［　　］

□ 22 **暮春**を迎え夏の気配を感じる。［　　］

□ 23 **洪積**世の地層が見つかった。［　　］

□ 24 省庁が**直轄**する研究機関だ。［　　］

□ 25 被疑者の供述の**真偽**を確かめた。［　　］

□ 26 **富裕**層が住む町に居を構える。［　　］

□ 27 晩秋の森で**憂愁**を感じる。［　　］

□ 28 敗戦で国土を**割譲**する。［　　］

□ 29 不動産の**周旋**業を営んでいる。［　　］

□ 30 このうえない幸運を**手繰**り寄せた。［　　］

□ 31 **漆塗**りの器に和菓子を載せる。［　　］

□ 32 騎馬戦で**無様**に落ちた。［　　］

標準解答

1 りゅうぐう
2 しょうほん
3 へいこう
4 こくひん
5 かしょう
6 えり
7 しゅうしゅう
8 すうこう
9 びぼうろく
10 ごいし
11 つつさき
12 にんく
13 じょくん
14 よれい
15 とうき
16 わずら
17 たいだ
18 なごり
19 はんか
20 ぜんぱい
21 あま
22 ぼしゅん
23 こうせき
24 ちょっかつ
25 しんぎ
26 ふゆう
27 ゆうしゅう
28 かつじょう
29 しゅうせん
30 たぐ
31 うるしぬ
32 ぶざま

5 **寡少**《かしょう》→非常に少ない様子。ごくわずかであること。
15 **騰貴**《とうき》→物価や相場が高くなること。
19 **頒価**《はんか》→頒布する（広く配る）際の価格。
22 **暮春**《ぼしゅん》→晩春。春の終わりごろ。
29 **周旋**《しゅうせん》→間に立ち、売買をとりもつこと。
30 **手繰**《たぐ》**り寄**《よ》**せる**→少しずつ手元へ引き寄せること。

点線で折り、解答を隠しても使えます！

4時間目

難易度Ⅳ

読み②

●次の——線の漢字の読みをひらがなで記せ。

□ 1 懲戒解雇の処分は厳しすぎる。〔　　〕

□ 2 彼はいつも教師に説諭されている。〔　　〕

□ 3 恩師が静養先で逝去した。〔　　〕

□ 4 寂しげな面持ちでたたずんでいた。〔　　〕

□ 5 予算案をめぐり国会が紛糾した。〔　　〕

□ 6 わが家の会話は近所に筒抜けだ。〔　　〕

□ 7 初めての相撲を升席で観戦した。〔　　〕

□ 8 人倫にもとる行為だ。〔　　〕

□ 9 味見をしながら塩を適宜加える。〔　　〕

□ 10 両国の親交が漸次深まりつつある。〔　　〕

□ 11 お経の本が抄訳して出版される。〔　　〕

□ 12 議員が収賄容疑で逮捕された。〔　　〕

□ 13 雑談をして時間を稼ぐ。〔　　〕

□ 14 才知にたけた傑出した人物だ。〔　　〕

□ 15 住民による案件を議会に諮る。〔　　〕

□ 16 社員として入寮が認められた。〔　　〕

□ 17 一時の流行もすぐに廃れた。〔　　〕

□ 18 証人が目撃した状況を叙述する。〔　　〕

目標時間
3分

あなたの学習の優先度は？
□A □B □C
使い方は20ページ

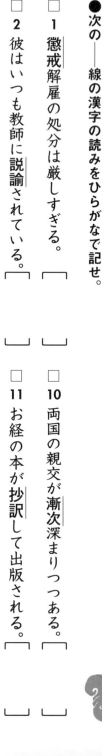

□ 19 飛行機がゆっくりと旋回を始めた。［　　］

□ 20 悪巧みが露顕して御用となった。［　　］

□ 21 プライドを傷つけられ憤慨する。［　　］

□ 22 最大の災禍に見舞われた。［　　］

□ 23 拙宅までぜひお越しください。［　　］

□ 24 彼は豪傑に見えるが気は優しい。［　　］

□ 25 広漠とした海洋に鯨が悠然と泳ぐ。［　　］

□ 26 新緑が色増し、風薫る季節だ。［　　］

□ 27 窯元に泊まり込んで作業する。［　　］

□ 28 景気が回復して相場が急騰した。［　　］

□ 29 海軍として大規模な艦艇を擁する。［　　］

□ 30 民族楽器の系譜はとても複雑だ。［　　］

□ 31 開会式に著名人の来場を賜った。［　　］

□ 32 偏らず中庸を得ている。［　　］

標準解答

1 ちょうかい
2 せつゆ
3 せいきょ
4 おもも
5 ふんきゅう
6 つつぬ
7 ますせき
8 じんりん
9 てきぎ
10 ぜんじ
11 しょうやく
12 しゅうわい
13 かせ
14 けっしゅつ
15 はか
16 にゅうりょう
17 すた
18 じょじゅつ
19 せんかい
20 ろけん
21 ふんがい
22 さいか
23 せったく
24 ごうけつ
25 こうばく
26 かお
27 かまもと
28 きゅうとう
29 かんてい
30 けいふ
31 たまわ
32 ちゅうよう

5 紛糾《ふんきゅう》↓意見が対立するなどして、もつれること。

11 抄訳《しょうやく》↓原文から部分的に抜き出して翻訳すること。

20 露顕《ろけん》↓秘密や悪事がばれること。

30 系譜《けいふ》↓同じような要素・性質を受け継いでいる事物のつながりのこと。

32 中庸《ちゅうよう》↓一方の立場に偏らず、公正であること。

点線で折り、解答を隠しても使えます!

4時間目
難易度Ⅳ

読み③

●次の——線の漢字の読みをひらがなで記せ。

□ 1 犯行の手口が酷似している。［　　］
□ 2 貸借の状況で経営内容がわかる。［　　］
□ 3 けっして閑却できない問題だ。［　　］
□ 4 自ら非難の矢面に立つ。［　　］
□ 5 祖母は享年八十五だった。［　　］
□ 6 将来を見据えた措置をとる。［　　］
□ 7 修行で禅宗の宿坊に泊まる。［　　］
□ 8 夜の波止場はまるで映画のようだ。［　　］
□ 9 夕映えの景色をスケッチする。［　　］
□ 10 直属の上司に媒酌人をお願いした。［　　］
□ 11 妃殿下のお出ましです。［　　］
□ 12 路面に蚊柱が立っている。［　　］
□ 13 孔子に私淑して論語を学ぶ。［　　］
□ 14 犠牲者の霊魂を手厚く弔う。［　　］
□ 15 手綱さばきの上手な騎手だ。［　　］
□ 16 総帥が上半期の決算を報告した。［　　］
□ 17 古都をめぐり旅愁を味わう。［　　］
□ 18 インターネットで用語を検索する。［　　］

目標時間
3分

使い方は20ページ

19 イタリア歌曲の詞を**逐語訳**する。

20 台風が直撃する**虞**がある。

21 会長が役員会を**牛耳**っている。

22 **渋々**相手の反対意見を受け入れる。

23 **秩序**立てて説明してほしい。

24 だれもが彼を**俊傑**と認めている。

25 姉の**柔肌**がうらやましい。

26 師匠の彫刻は**珠玉**の作品だ。

27 社内で**慶弔**費を積み立てる。

28 **叙情**感に満ちた祝辞をいただいた。

29 **滋味**あふれる作品に心が洗われる。

30 業績が好調で**剰余**金を計上した。

31 **勲功**が認められ褒美を得た。

32 敵の計略に**陥**る。

標準解答

1 こくじ
2 たいしゃく
3 かんきゃく
4 やおもて
5 きょうねん
6 みす
7 ぜんしゅう
8 はとば
9 ゆうば
10 ばいしゃく
11 ひでんか
12 かばしら
13 ししゅく
14 とむら
15 たづな
16 そうすい
17 りょしゅう
18 けんさく
19 ちくごやく
20 おそれ
21 ぎゅうじ
22 しぶしぶ
23 ちつじょ
24 しゅんけつ
25 やわはだ
26 しゅぎょく
27 けいちょう
28 じょじょう
29 じみ
30 じょうよ
31 くんこう
32 おちい

3 **閑却**《かんきゃく》→なおざりにしてほうっておくこと。

13 **私淑**《ししゅく》→直接の教えは受けずひそかに師と仰ぐこと。

16 **総帥**《そうすい》→全軍を率いて指揮する人。

24 **俊傑**《しゅんけつ》→才能が多くすぐれている人。

26 **珠玉**《しゅぎょく》→真珠と宝玉。すぐれたもののたとえ。

29 **滋味**《じみ》→豊かで深い味わいのこと。

点線で折り、解答を隠しても使えます!

4時間目

難易度Ⅳ

読み④

●次の――線の漢字の読みをひらがなで記せ。

□ 1 交通事故の遺族に**弔慰**金を贈る。〔　　〕

□ 2 新しい支配者に**恭順**の意を表した。〔　　〕

□ 3 脱税を**教唆**したとして逮捕された。〔　　〕

□ 4 **己**の才能を過信して失敗を招く。〔　　〕

□ 5 業績が好転せず債務が**累積**する。〔　　〕

□ 6 **地殻**変動により地震を誘発する。〔　　〕

□ 7 ボートに乗って**渓流**を下る。〔　　〕

□ 8 今になって自分の**浅慮**を悔やんだ。〔　　〕

□ 9 相手の返答に相当の**猶予**を与える。〔　　〕

□ 10 十分熱した**石窯**でピザを焼く。〔　　〕

□ 11 **侯爵**家の出身で国家の要職に就く。〔　　〕

□ 12 **紡績**業が町の経済を支えた。〔　　〕

□ 13 和を乱すメンバーが**放逐**された。〔　　〕

□ 14 **頑**として聞く耳を持たなかった。〔　　〕

□ 15 **後戻**りできない段階に突入した。〔　　〕

□ 16 戦争の体験談が心の**琴線**に触れた。〔　　〕

□ 17 人員削減により退職を**勧奨**する。〔　　〕

□ 18 交通の**要衝**として街が栄える。〔　　〕

□ 19 異常気象で自然災害が頻発する。［　　］

□ 20 金輪際かかわらないことにした。［　　］

□ 21 互いに珠算の腕を競い合う。［　　］

□ 22 猿知恵を働かせても無駄だ。［　　］

□ 23 大雑把な説明で理解しにくい。［　　］

□ 24 表情の柔和な内裏びなだ。［　　］

□ 25 期限が迫り拙速に作業を進めた。［　　］

□ 26 酒を飲むと克己心が薄れる。［　　］

□ 27 摩天楼から見下ろす夜景は格別だ。［　　］

□ 28 自転車は惰力で下り坂を進んだ。［　　］

□ 29 謙譲語を用いてあいさつ文を書く。［　　］

□ 30 体が肥えて服が窮屈になる。［　　］

□ 31 自叙伝に赤裸々な過去を記す。［　　］

□ 32 不要な書類を焼却した。［　　］

標準解答

1 ちょうい
2 きょうじゅん
3 きょうさ
4 おのれ
5 るいせき
6 ちかく
7 けいりゅう
8 せんりょ
9 ゆうよ
10 いしがま
11 こうしゃく
12 ぼうせき
13 ほうちく
14 がん
15 あともど
16 きんせん
17 かんしょう
18 ようしょう
19 ひんぱつ
20 こんりんざい
21 しゅざん
22 さるぢえ
23 おおざっぱ
24 だいり
25 せっそく
26 こっきしん
27 まてんろう
28 だりょく
29 けんじょう
30 きゅうくつ
31 じじょでん
32 しょうきゃく

3 教唆《きょうさ》→教えそそのかすこと。
8 浅慮《せんりょ》→浅はかな考え。
13 放逐《ほうちく》→追い出すこと。
14 頑《がん》として→かたくなで人の言うことに耳を貸さない様子。
16 琴線《きんせん》→物事に感動し共鳴する胸奥の心情。
18 要衝《ようしょう》→大事な地点のこと。
26 克己心《こっきしん》→自分の欲望をおさえる心。

点線で折り、解答を隠しても使えます！

4時間目

難易度Ⅳ

部首

目標時間 3分

●次の漢字の部首を記せ。

□ 1 扉〔　〕

□ 2 殼〔　〕

□ 3 泰〔　〕

□ 4 募〔　〕

□ 5 丙〔　〕

□ 6 既〔　〕

□ 7 釈〔　〕

□ 8 喪〔　〕

□ 9 奪〔　〕

□ 10 疑〔　〕

□ 11 更〔　〕

□ 12 且〔　〕

□ 13 卵〔　〕

□ 14 賓〔　〕

□ 15 摩〔　〕

□ 16 辛〔　〕

□ 17 豪〔　〕

□ 18 畝〔　〕

□ 19 幾〔　〕

□ 20 幣〔　〕

□ 21 升〔　〕

□ 22 竜〔　〕

□ 23 玄〔　〕

□ 24 甚〔　〕

□ 25 魔 〔　〕

□ 26 虜 〔　〕

□ 27 亜 〔　〕

□ 28 臭 〔　〕

□ 29 辞 〔　〕

□ 30 殉 〔　〕

□ 31 扇 〔　〕

□ 32 準 〔　〕

□ 33 衝 〔　〕

□ 34 麻 〔　〕

□ 35 甲 〔　〕

□ 36 丹 〔　〕

□ 37 武 〔　〕

□ 38 羅 〔　〕

□ 39 辱 〔　〕

□ 40 致 〔　〕

□ 41 爵 〔　〕

□ 42 彰 〔　〕

□ 43 缶 〔　〕

□ 44 再 〔　〕

標準解答

1 隹（ふるとり）
2 殳（るまた）
3 氺（したみず）
4 力（ちから）
5 一（いち）
6 旡（すでのつくり）
7 釆（のごめへん）
8 口（くち）
9 大（だい）
10 疋（ひき）
11 曰（ひらび）
12 一（いち）
13 卩（わりふ）
14 貝（かい）
15 手（て）
16 辛（からい）
17 豕（ぶた）
18 田（た）
19 幺（よう）
20 巾（はば）
21 十（じゅう）
22 竜（りゅう）
23 玄（げん）
24 甘（かん）
25 鬼（おに）
26 虍（とらがしら）
27 二（に）
28 自（みずから）
29 辛（からい）
30 歹（かばねへん）
31 戸（とだれ）
32 氵（さんずい）
33 行（ぎょうがまえ）
34 麻（あさ）
35 田（た）
36 丶（てん）
37 止（とめる）
38 罒（あみがしら）
39 辰（しんのたつ）
40 至（いたる）
41 爫（つめかんむり）
42 彡（さんづくり）
43 缶（ほとぎ）
44 冂（どうがまえ）

点線で折り、解答を隠しても使えます！

4時間目

難易度Ⅳ

同音・同訓異字

●次の――線のカタカナを漢字で記せ。

□ 1 閉館前の美術館はカン散としている。

□ 2 事前の報告がなく、遺カンである。

□ 3 故郷の村が隣の市にヘイ合された。

□ 4 開発のヘイ害で環境が破壊される。

□ 5 実家の上トウ式で引き出物を配る。

□ 6 友人を代表してトウ辞を読む。

□ 7 責任を問われ職をヒ免された。

□ 8 新しい家元の襲名ヒ露が行われた。

□ 9 長い時間をかけて交渉がダ結した。

□ 10 携帯電話を落としてダ目にした。

□ 11 内テイの結果、不正が暴かれた。

□ 12 検札所で入場券をテイ示する。

□ 13 意思のソ通がうまくいかない。

□ 14 彫刻用のソ像をデッサンする。

□ 15 十度目の提案でついに首コウした。

□ 16 地層のコウ積層の部分に注目する。

□ 17 被害に対する損害バイ償を求める。

□ 18 実験室で細胞をバイ養する。

□ 19 大統領が軍隊を統スイする。

□ 20 勉強中にスイ魔に襲われる。

目標時間 4分

21 連日の猛暑で体力を消モウする。

22 風説をモウ信してはいけない。

23 フン然として抗議する。

24 温かいフン囲気を醸し出す。

25 ボウ績会社を経営する。

26 カエルを解ボウして観察する。

27 生ガイを通じて研究に没頭する。

28 詳細を説く前にガイ要を述べる。

29 これまでの努力が水ホウに帰した。

30 ホウ給が口座に振り込まれた。

31 心臓が血液をジュン環させる。

32 平和条約に批ジュンする。

33 いたずらした息子に一カツする。

34 所カツの警察に通報する。

35 友人との連絡がタえる。

36 布をタって子供服をあつらえる。

標準解答

1	2	3	4	5	6
閑	憾	併	弊	棟	悼

7	8	9	10	11	12
罷	披	妥	駄	偵	呈(提)

13	14	15	16	17	18
疎	塑	肯	洪	賠	培

19	20	21	22	23	24
帥	睡	耗	妄	憤	雰

25	26	27	28	29	30
紡	剖	涯	概	泡	俸

31	32	33	34	35	36
循	准	喝	轄	絶	裁

6 **悼辞**《とうじ》→人の死を弔う言葉や文。

7 **罷免**《ひめん》→職務を一方的にやめさせること。

9 **妥結**《だけつ》→意見の異なる両者が歩み寄り話がまとまること。

14 **塑像**《そぞう》→粘土などを肉付けして造った像。

15 **首肯**《しゅこう》→うなずくこと。承諾すること。

19 **統帥**《とうすい》→全軍を率いて指揮すること。

30 **俸給**《ほうきゅう》→労働の報酬。給料のこと。

点線で折り、解答を隠しても使えます!

4時間目
難易度Ⅳ

熟語の構成①

目標時間 3分

あなたの学習の優先度は?
□A □B □C
使い方は20ページ

●熟語の構成のしかたには、次のようなものがある。

ア 同じような意味の字を重ねたもの(例 岩石)
イ 反対または対応の意味を表す字を重ねたもの(例 高低)
ウ 上の字が下の字を修飾しているもの(例 洋画)
エ 下の字が上の字の目的語・補語になっているもの(例 着席)
オ 上の字が下の字の意味を打ち消しているもの(例 非常)

●次の熟語は右のア〜オのどれに当たるか、一つ選んで記号を記せ。

□ 1 模擬〔　〕
□ 2 漆黒〔　〕
□ 3 扶助〔　〕
□ 4 起伏〔　〕
□ 5 甲殻〔　〕
□ 6 俊秀〔　〕
□ 7 媒体〔　〕
□ 8 災禍〔　〕
□ 9 還元〔　〕
□ 10 虜囚〔　〕
□ 11 奔流〔　〕
□ 12 献呈〔　〕

13 □ 漸進［　　］

14 □ 親疎［　　］

15 □ 閲兵［　　］

16 □ 旋風［　　］

17 □ 抗菌［　　］

18 □ 珠玉［　　］

19 □ 報酬［　　］

20 □ 無粋［　　］

21 □ 安寧［　　］

22 □ 脚韻［　　］

23 □ 虚実［　　］

24 □ 媒介［　　］

25 □ 纖毛［　　］

26 □ 収賄［　　］

27 □ 随意［　　］

28 □ 懲悪［　　］

標準解答

1 ア 模も擬も「似せる・まねる」の意
2 ウ 「漆のような↓黒いつや」の意
3 ア 扶も助も「助ける」の意
4 イ 「高い（起）」↕「低い（伏）」
5 ア 甲も殻も「体を覆うかたい殻」の意
6 ア 俊も秀も「すぐれている」の意
7 ウ 「媒介する↓もの（物体）」の意
8 ア 災も禍も「わざわい」の意
9 エ 「戻す（還）↑元の状態に」の意
10 ア 虜も囚も「とらわれの身」の意

11 ウ 「勢いが激しい（奔）↓流れ」の意
12 ア 献も呈も「物をささげる」の意
13 ウ 「少しずつ（漸次）↓進む」の意
14 イ 「親しい」↕「疎遠」
15 エ （上官などが）「検閲する↑兵を」の意
16 ウ 「渦を巻いて（旋）吹く↓風」の意
17 エ 「抑える（抗）↑細菌の増殖を」の意
18 ア 珠も玉も「優れているもの」の意
19 ア 報も酬も「むくいる」の意
20 オ 面白み（粋）がないこと

21 ア 安も寧も「穏やかな」の意
22 ウ 「文末で↓韻を踏む」の意
23 イ 「うそ（虚）」↕「まこと（実）」
24 ア 媒も介も「仲立ちする」の意
25 ウ 「細い（纖）↓毛」の意
26 エ 「収受する↑賄賂《ろ》を」の意
27 エ 「したがう（随）↑思いのままに（意）」の意
28 エ 「懲らしめる↑悪を」の意

点線で折り、解答を隠しても使えます！

4時間目

難易度Ⅳ

熟語の構成②

目標時間 3分

あなたの学習の優先度は?
□A □B □C
使い方は20ページ

●熟語の構成のしかたには、次のようなものがある。

ア 同じような意味の字を重ねたもの（例　岩石）
イ 反対または対応の意味を表す字を重ねたもの（例　高低）
ウ 上の字が下の字を修飾しているもの（例　洋画）
エ 下の字が上の字の目的語・補語になっているもの（例　着席）
オ 上の字が下の字の意味を打ち消しているもの（例　非常）

●次の熟語は右のア〜オのどれに当たるか、一つ選んで記号を記せ。

□ 1 未納［　］
□ 2 余剰［　］
□ 3 尚早［　］
□ 4 雅俗［　］
□ 5 殉教［　］
□ 6 多寡［　］
□ 7 罷業［　］
□ 8 雪渓［　］
□ 9 融解［　］
□ 10 哀悼［　］
□ 11 余韻［　］
□ 12 未婚［　］

13 往還［　　］

14 任免［　　］

15 享受［　　］

16 逓増［　　］

17 禍福［　　］

18 懇請［　　］

19 抑揚［　　］

20 未了［　　］

21 逸脱［　　］

22 点滅［　　］

23 公僕［　　］

24 義憤［　　］

25 争覇［　　］

26 紛糾［　　］

27 謙譲［　　］

28 愚痴［　　］

標準解答

1 オ まだ納めていないこと
2 ア 余も剰も「あまり・残りもの」の意
3 ウ 「時期が尚更《なおさら》↓早い」の意
4 イ 「上品（雅）」↕「俗っぽい」
5 エ 「命をささげる（殉）↑宗教に」の意
6 イ 「多い」↕「少ない（寡）」
7 エ 「しない（罷）↑仕事（業）を」の意
8 ウ 「雪でおおわれた↓渓谷」の意
9 ア 融も解も「とかす」の意
10 ア 哀も悼も「悲しむ」の意

11 ウ 「あとに残る（余）↓響き（韻）」の意
12 オ まだ結婚したことがないこと
13 イ 「行く（往）」↕「来る（還）」
14 イ 「（役目を）任じる」↕「免ずる」
15 ア 享も受も「受ける」の意
16 ウ 「徐々に（逓）↓増える」の意
17 イ 「禍（わざわい）」↕「幸福」
18 ウ 「心をこめて（懇に）↓頼む（請う）」の意
19 イ 「抑える」↕「揚げる」
20 オ いまだに終了していないこと

21 ア 逸も脱も「ぬける」の意
22 イ 「点《っ》く」↕「消える（滅）」
23 ウ 「公衆に奉仕する↓しもべ（僕）」の意
24 ウ 「道義に外れた行いへの↓憤り」の意
25 エ 「争う↑覇権を」の意
26 ア 紛も糾も「乱れる」の意
27 ア 謙も譲も「ゆずる」の意
28 ア 愚も痴も「おろかな」の意

点線で折り、解答を隠しても使えます！

4時間目

難易度Ⅳ

対義語・類義語①

目標時間 5分

あなたの学習の優先度は？

□A □B □C

使い方は20ページ

●次の□の中の語を一度だけ使って漢字に直し、対義語・類義語を記せ。

対義語

□ 1 遵守〔　　〕

□ 2 安泰〔　　〕

□ 3 重厚〔　　〕

□ 4 快諾〔　　〕

類義語

□ 5 追跡〔　　〕

□ 6 冷酷〔　　〕

□ 7 卓絶〔　　〕

□ 8 正邪〔　　〕

いはん・ききゅう・けいはく・こじ・ぜんあく・はくじょう・ばつぐん・びこう

対義語

□ 9 鈍重〔　　〕

□ 10 高尚〔　　〕

□ 11 擁護〔　　〕

□ 12 舶来〔　　〕

類義語

□ 13 横領〔　　〕

□ 14 大儀〔　　〕

□ 15 邸宅〔　　〕

□ 16 上申〔　　〕

きびん・こくさん・しんがい・しんげん・ちゃくふく・ていぞく・めんどう・やしき

対義語

□ 17 喪失［　　］

□ 18 恒例［　　］

□ 19 優良［　　］

□ 20 概略［　　］

類義語

□ 21 不穏［　　］

□ 22 幽閉［　　］

□ 23 反撃［　　］

□ 24 窮地［　　］

いさい・かくとく・かんきん・きき・ぎゃくしゅう・けんあく・りんじ・れつあく

対義語

□ 25 根幹［　　］

□ 26 詳細［　　］

□ 27 模倣［　　］

□ 28 断念［　　］

類義語

□ 29 尊大［　　］

□ 30 奔走［　　］

□ 31 策謀［　　］

□ 32 駆逐［　　］

けいりゃく・こうまん・しゅうしん・じんりょく・そうぞう・たいりゃく・ついほう・まっせつ

標準解答

1 違反《いはん》
2 危急《ききゅう》
3 軽薄《けいはく》
4 固辞《こじ》
5 尾行《びこう》
6 薄情《はくじょう》
7 抜群《ばつぐん》
8 善悪《ぜんあく》

9 機敏《きびん》
10 低俗《ていぞく》
11 侵害《しんがい》
12 国産《こくさん》
13 着服《ちゃくふく》
14 面倒《めんどう》
15 屋敷《やしき》
16 進言《しんげん》

17 獲得《かくとく》
18 臨時《りんじ》
19 劣悪《れつあく》
20 委細《いさい》
21 険悪《けんあく》
22 監禁《かんきん》
23 逆襲《ぎゃくしゅう》
24 危機《きき》

25 末節《まっせつ》
26 大略《たいりゃく》
27 創造《そうぞう》
28 執心《しゅうしん》
29 高慢《こうまん》
30 尽力《じんりょく》
31 計略《けいりゃく》
32 追放《ついほう》

点線で折り、解答を隠しても使えます!

4時間目

難易度Ⅳ

対義語・類義語②

目標時間 5分

あなたの学習の優先度は?
□A □B □C
使い方は20ページ

●次の□の中の語を一度だけ使って漢字に直し、対義語・類義語を記せ。

対義語

□ 1 堕落［　　］
□ 2 束縛［　　］
□ 3 端緒［　　］
□ 4 透明［　　］

類義語

□ 5 伯仲［　　］
□ 6 熟睡［　　］
□ 7 庶民［　　］
□ 8 不審［　　］

あんみん・かいほう・ぎわく・けつまつ・こうせい・ごかく・こんだく・たいしゅう

対義語

□ 9 中庸［　　］
□ 10 召還［　　］
□ 11 削除［　　］
□ 12 煩雑［　　］

類義語

□ 13 罷免［　　］
□ 14 無窮［　　］
□ 15 繁栄［　　］
□ 16 手本［　　］

えいえん・かいにん・かんりゃく・きょくたん・せいきょう・てんか・はけん・もはん

対義語

□ 17 新鋭〔　　〕
□ 18 秩序〔　　〕
□ 19 抑止〔　　〕
□ 20 傑物〔　　〕

類義語

□ 21 同等〔　　〕
□ 22 無視〔　　〕
□ 23 貢献〔　　〕
□ 24 懇切〔　　〕

きよ・こごう・こんらん・せんどう・ていちょう・ひってき・ぼんじん・もくさつ

対義語

□ 25 陳腐〔　　〕
□ 26 謙虚〔　　〕
□ 27 衰微〔　　〕
□ 28 緩慢〔　　〕

類義語

□ 29 猶予〔　　〕
□ 30 克明〔　　〕
□ 31 逝去〔　　〕
□ 32 干渉〔　　〕

えんき・かいにゅう・こうまん・しんせん・たかい・たんねん・はんえい・びんそく

標準解答

1 更生《こうせい》
2 解放《かいほう》
3 結末《けつまつ》
4 混濁《こんだく》
5 互角《ごかく》
6 安眠《あんみん》
7 大衆《たいしゅう》
8 疑惑《ぎわく》

---

9 極端《きょくたん》
10 派遣《はけん》
11 添加《てんか》
12 簡略《かんりゃく》
13 解任《かいにん》
14 永遠《えいえん》
15 盛況《せいきょう》
16 模範《もはん》

---

17 古豪《こごう》
18 混乱《こんらん》
19 扇動《せんどう》
20 凡人《ぼんじん》
21 匹敵《ひってき》
22 黙殺《もくさつ》
23 寄与《きよ》
24 丁重《ていちょう》

---

25 新鮮《しんせん》
26 高慢《こうまん》
27 繁栄《はんえい》
28 敏速《びんそく》
29 延期《えんき》
30 丹念《たんねん》
31 他界《たかい》
32 介入《かいにゅう》

点線で折り、解答を隠しても使えます!

4時間目

難易度Ⅳ

四字熟語

●次の□内に漢字一字を入れて四字熟語を完成させよ。

□ 1 □非曲直
物事の善悪や正・不正。

□ 2 □舞激励
大いに励まし、気をふるいたたすこと。

□ 3 論□明快
議論の要点がわかりやすいこと。

□ 4 金城鉄□
非常に堅い守り。

□ 5 □志弱行
意志が弱く、実行力に欠けること。

□ 6 □常一様
いたって普通な様子。

□ 7 不□不滅
永遠に滅びないこと。

□ 8 円転滑□
物事をそつなくとりしきる様子。

□ 9 巧□拙速
上手でおそいより、下手でも速いほうがよいということ。

□ 10 少壮気□
若くて意気盛んであること。

□ 11 胆大□小
大胆でありながら、注意は細かく払うべきこと。

□ 12 良風美□
善良で美しい習慣やしきたり。

□ 13 勢力伯□
力が接近していて優劣のつけにくいさま。

□ 14 英俊□傑
大勢の中で優れた人。

□ 15 妙計奇□
人の意表をついた奇抜ですぐれたはかりごと。

目標時間 4分

あなたの学習の優先度は?
□A □B □C
使い方は20ページ

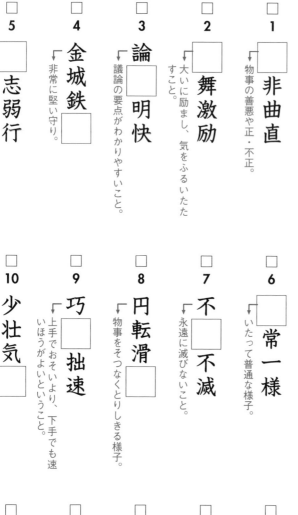

□ 16
衆口一□
多くの人の意見が一つになること。

□ 17
抱腹絶□
腹を抱えてひっくり返るほど笑うこと、またそのさま。

□ 18
□中模索
手がかりがないまま、あれこれやってみること。

□ 19
傍□無人
勝手気ままに行動すること。周囲を考えず、遠慮なしに振る舞うこと。

□ 20
夏炉冬□
役に立たないもののたとえ。

□ 21
時節□来
よい機会が巡ってくること。

□ 22
玉石□交
優れたものとつまらぬものが入りまじっていること。

□ 23
意気消□
元気を失い、しょげてしまうこと。

□ 24
金□湯池
攻められにくく守りが非常に堅いこと。

□ 25
物情□然
世間がさわがしいこと。

□ 26
眺□絶佳
すばらしい見晴らし。

□ 27
歌□音曲
歌や踊り、楽器演奏などの華やかな芸能・芸術活動。

標準解答

1 是非曲直《ぜひきょくちょく》
2 鼓舞激励《こぶげきれい》
3 論旨明快《ろんしめいかい》
4 金城鉄壁《きんじょうてっぺき》
5 薄志弱行《はくしじゃっこう》
6 尋常一様《じんじょういちよう》
7 不朽不滅《ふきゅうふめつ》
8 円転滑脱《えんてんかつだつ》
9 巧遅拙速《こうちせっそく》
10 少壮気鋭《しょうそうきえい》
11 胆大心小《たんだいしんしょう》
12 良風美俗《りょうふうびぞく》
13 勢力伯仲《せいりょくはくちゅう》
14 英俊豪傑《えいしゅんごうけつ》
15 妙計奇策《みょうけいきさく》
16 衆口一致《しゅうこういっち》
17 抱腹絶倒《ほうふくぜっとう》
18 暗中模索《あんちゅうもさく》
19 傍若無人《ぼうじゃくぶじん》
20 夏炉冬扇《かろとうせん》
21 時節到来《じせつとうらい》
22 玉石混交《ぎょくせきこんこう》
23 意気消沈《いきしょうちん》
24 金城湯池《きんじょうとうち》
25 物情騒然《ぶつじょうそうぜん》
26 眺望絶佳《ちょうぼうぜっか》
27 歌舞音曲《かぶおんぎょく》

点線で折り、解答を隠しても使えます！

4時間目

難易度Ⅳ

誤字訂正①

目標時間
4分

あなたの学習の優先度は?
□A □B □C
使い方は20ページ

●次の各文に間違って使われている同じ読みの漢字が一字ある。上に誤字を、下に正しい漢字を記せ。

□ **1** 由緒ある料亭が軒を連ねる中で異才を放つ創作料理人がいる名店がある。［　↓　］

□ **2** 彼の描く似顔絵は、相手の特徴や雰囲気を巧みに呼張し好評を博した。［　↓　］

□ **3** 雑誌で商品紹介するため大量の子供服の写真撮映を二日掛かりで行った。［　↓　］

□ **4** 白寿を迎えた祖母は、敬老の日に市長から表彰状と記念品を造呈された。［　↓　］

□ **5** 想定を超える来場者数に、主催側は警備計画を変向する必要に迫られた。［　↓　］

□ **6** 診療技能の講習や臨症研修を通じて、医師としての基本姿勢を修得した。［　↓　］

□ **7** 宴会の季節を前に、道路交通法異反に対する取り締まりを強化する。［　↓　］

□ **8** 船上から見た海の深く透み切った青色に感嘆と恐怖心が同時にわいた。［　↓　］

□ **9** 彼女は苦しい討病生活に耐え、今では元気に医療関係の仕事をしている。［　↓　］

□ **10** 綿密な計画と日ごろの演習が功を奏し、不即の事態に冷静に対処できた。［　↓　］

□ **11** 軽視されがちな民間療法も、時には健康維持・増進などに寄預している。［　↓　］

□ **12** 節電対策の一環として、鉄道各社は新型車両の働入を続々と発表した。［　↓　］

□ **13** 適当な謝罪を繰り返す会社側には事態の辛刻さへの認識が感じられない。［　↓　］

□ **14** 栽培中の野菜畑に葉を食べる害虫が大発生したので農薬を粉霧した。［　↓　］

標準解答

1 才↓彩
2 呼↓誇
3 映↓影
4 造↓贈
5 向↓更
6 症↓床
7 異↓違
8 透↓澄
9 討↓闘
10 即↓測
11 預↓与
12 働↓導
13 辛↓深
14 粉↓噴

1 **異彩**《いさい》↓多くの中で、きわだってすぐれた様子。
2 **誇張**《こちょう》↓度を超して、大げさに表現すること。
11 **寄与**《きよ》↓社会や人のために尽くすこと。
14 **噴霧**《ふんむ》↓液体を霧状にして、吹き掛けること。

点線で折り、解答を隠しても使えます！

4時間目

難易度Ⅳ

誤字訂正②

目標時間
4分

あなたの学習の優先度は?
□A □B □C
使い方は20ページ

●次の各文に間違って使われている同じ読みの漢字が一字ある。上に誤字を、下に正しい漢字を記せ。

□ 1 観光地で有名な古代都市には重要な遺籍が点在して見学に時間がかかる。［ ］→［ ］

□ 2 岩場から大波に飲まれた釣り人は希跡的に自力で海岸に泳ぎ着いた。［ ］→［ ］

□ 3 不況に伴う就職難を乗り越えた若者は賢実な道を選択する傾向が強い。［ ］→［ ］

□ 4 演奏会で新伸の指揮者による交響管弦楽曲が披露され聴衆を魅了した。［ ］→［ ］

□ 5 有名なデザイナーの華例な舞台衣装に会場の観客は一瞬で圧倒された。［ ］→［ ］

□ 6 徹底した衛生管理と保存技術の向上により、召味期限の延長に成功した。［ ］→［ ］

□ 7 連敗中の強敵を自国に迎え、代表選手全員が強い気持ちで試合に望んだ。［ ］→［ ］

□ 8 戦後の食糧不足に国民は忍対を強いられたが、不屈の精神で復興した。［ ］→［ ］

□ **9** 大国は軍備を整えて民衆を偉圧するが思想や行動を規制するのは困難だ。［　↓　］

□ **10** 警察の捜査員が現場付近の水路で、事件に使用された恐器を発見した。［　↓　］

□ **11** 大学と産業界の共同研究によって、科学技術の伸興が期待されている。［　↓　］

□ **12** 苦悩する主人公を演じ切った役者の登場に観客は万雷の博手を送った。［　↓　］

□ **13** 昔は国境の意識が希薄で、相互の港町を小舟で頻般に往来していた。［　↓　］

□ **14** 部品をつなぐ金属が裂化し起動時に異常音がしたため新しい物と交換した。［　↓　］

標準解答

1 籍↓跡
2 希↓奇
3 賢↓堅
4 伸↓進
5 例↓麗
6 召↓賞
7 望↓臨
8 対↓耐
9 偉↓威
10 恐↓凶
11 伸↓振
12 博↓拍
13 般↓繁
14 裂↓劣

3 **堅実**《けんじつ》↓しっかりしていて確実なこと。
4 **新進**《しんしん》↓新しくその分野に現れて活躍していること。
5 **華麗**《かれい》↓はなやかで、美しいさま。
11 **振興**《しんこう》↓物事が盛んになること。

4時間目

難易度Ⅳ

書き取り①

目標時間
4分

あなたの学習の優先度は?
□A □B □C
使い方は20ページ

●次の——線のカタカナを漢字に直せ。

□ 1 挙式は六月のジョウジュンだ。
□ 2 事をアラダてないように慎む。
□ 3 キヅカいをせずに話せる間柄だ。
□ 4 病に備えイリョウ保険に加入する。
□ 5 真冬にタイカンマラソンを催す。
□ 6 帰宅のトで渋滞に遭った。
□ 7 ペンチでクサリを断ち切った。
□ 8 布を二枚重ねて針でサす。
□ 9 親のカイニュウで話がこじれた。
□ 10 ケンジツな姿勢に心を動かされた。
□ 11 農家でイネカりの手伝いをする。
□ 12 エンあって旧友との再会を果たす。
□ 13 歩いて行くにはキョリがある。
□ 14 フクツの精神で困難を乗り切った。
□ 15 知識が専門家の域にトウタツした。
□ 16 ヒヤク的な成長をとげた企業だ。
□ 17 非礼に対しレッカのごとく怒った。
□ 18 道路のハシを歩く。
□ 19 うわさのシンゲンを追及した。
□ 20 現役を退きインキョする。

□ 21 平和をキネンする像を建てる。

□ 22 合格証書をガクブチに入れる。

□ 23 ボウフザイ無添加の菓子が人気だ。

□ 24 ミャクラクがはっきりしない文だ。

□ 25 配水管がツまって水が流れない。

□ 26 話がトッピョウシもなくて驚いた。

□ 27 部屋の温度を適切にセイギョする。

□ 28 容疑者がついにキソされた。

□ 29 鉱石のサイクツは大変な重労働だ。

□ 30 シュビよく作品を完成させた。

□ 31 犬がシバフの上で昼寝をしている。

□ 32 クジャクの羽はオウギのようだ。

□ 33 生活ヒツジュ品を買いそろえる。

□ 34 野球のネッキョウ的なファンだ。

□ 35 麻酔をかけてオクバを抜かれた。

□ 36 大雨で河川がケッカイした。

標準解答

1 上旬
2 荒立
3 気遣
4 医療
5 耐寒
6 途
7 鎖
8 刺
9 介入
10 堅実
11 稲刈
12 縁
13 距離
14 不屈
15 到達
16 飛躍
17 烈火
18 端
19 震源
20 隠居
21 祈念
22 額縁
23 防腐剤
24 脈絡
25 詰
26 突拍子
27 制御
28 起訴
29 採掘
30 首尾
31 芝生
32 扇
33 必需
34 熱狂
35 奥歯
36 決壊

点線で折り、解答を隠しても使えます!

4時間目

難易度Ⅳ

書き取り②

目標時間 4分

あなたの学習の優先度は？
□A □B □C
使い方は20ページ

●次の――線のカタカナを漢字に直せ。

□ 1 父親のシラガが増えたのに気付く。〔　　〕
□ 2 余勢をカって市長選に出馬した。〔　　〕
□ 3 おかずの魚をカゲボしにする。〔　　〕
□ 4 母の誕生日に花をオクる。〔　　〕
□ 5 楽に勝てると彼はゴウゴした。〔　　〕
□ 6 法案のゼヒを討論する。〔　　〕
□ 7 実家の親にキンキョウを報告する。〔　　〕
□ 8 相手投手のコウリャクを図る。〔　　〕
□ 9 シュウシン時に湯たんぽを使う。〔　　〕
□ 10 子馬が親に寄りソって後を追う。〔　　〕
□ 11 急病人が出て車内がソウゾウしい。〔　　〕
□ 12 成功にイタるまでは苦難もあった。〔　　〕
□ 13 カトキの措置としてやむを得ない。〔　　〕
□ 14 来客を奥間のザシキに案内する。〔　　〕
□ 15 コンキョとなるデータを用意する。〔　　〕
□ 16 セシュウで継承される名家だ。〔　　〕
□ 17 事実をコチョウして話す。〔　　〕
□ 18 ヨカは避暑地でのんびり過ごす。〔　　〕
□ 19 人里離れたサビしい村を訪れる。〔　　〕
□ 20 ロボウにかれんな花が咲いている。〔　　〕

21 全国のセイエイが一堂に会する。

22 エントツ掃除を年に一回実施する。

23 新商品の開発にスンカを惜しむ。

24 荒天をオカして出港した。

25 葉先からシズクが垂れる。

26 有能な人材をクドいて引き抜いた。

27 師匠の考えにキョウメイする。

28 体験した実話をギキョクにする。

29 ヒトカゲのない道を黙々と歩いた。

30 人口がついに一億人をトッパした。

31 学生時代はシバイに打ち込んだ。

32 朝から空がどんよりとクモる。

33 目を覆いたくなるサンジョウだ。

34 無線通信が不法にボウジュされた。

35 麦わらボウシが風に飛ばされた。

36 メイサイを施した服を着用する。

標準解答

1 白髪
2 駆
3 陰干
4 贈
5 豪語
6 是非
7 近況
8 攻略
9 就寝
10 添
11 騒々
12 至
13 過渡期
14 座敷
15 根拠
16 世襲
17 誇張
18 余暇
19 寂
20 路傍
21 精鋭
22 煙突
23 寸暇
24 冒
25 滴
26 口説
27 共鳴
28 戯曲
29 人影
30 突破
31 芝居
32 曇
33 惨状
34 傍受
35 帽子
36 迷彩

点線で折り、解答を隠しても使えます!

4時間目

難易度Ⅳ

書き取り③

目標時間
4分

あなたの学習の優先度は?
□A □B □C
使い方は20ページ

●次の——線のカタカナを漢字に直せ。

□1 トウフのみそ汁が大好物だ。
□2 コウキシンに満ちた目をしていた。
□3 モノゴシの柔らかい店員だ。
□4 娘のガイハクを許した覚えはない。
□5 スドまりの宿で一夜を過ごす。
□6 運転中にイネムりしそうになった。
□7 原料価格がノキナみ上昇傾向だ。
□8 コウタクのある布で服を仕立てる。
□9 暖かいのでウスギで出掛けた。
□10 チンチャクな判断が求められる。

□11 キンリンの住民から苦情を受けた。
□12 法律のジョウコウを確かめる。
□13 寸劇を演じバクショウを誘った。
□14 キビンに動いて部屋を片付ける。
□15 敵が送り込んだシカクと対決する。
□16 襲ってきた暴漢とカクトウした。
□17 ボンジンには理解できない発想だ。
□18 ケントウむなしく初戦で敗退する。
□19 テガタい策で難なく勝つ。
□20 双方の意見がガッチした。

□ 21 ビヨクによって機体は安定する。【　】

□ 22 大工がユカイタを張り替える。【　】

□ 23 安静にしてホッサをおさめた。【　】

□ 24 木の葉から雨のシズクが落ちる。【　】

□ 25 おセイボの品は毎年決めている。【　】

□ 26 ご厚情にキョウシュクします。【　】

□ 27 テッペキの守りで失点を防ぐ。【　】

□ 28 長いトウビョウ生活を送る。【　】

□ 29 材料不足で生産はアシブみ状態だ。【　】

□ 30 登山でケモノミチに迷い込む。【　】

□ 31 式の始めにカンパイの音頭をとる。【　】

□ 32 新聞の読者トウコウ欄に目を通す。【　】

□ 33 イナズマが光り雷鳴がとどろいた。【　】

□ 34 人命救助にジンリョクする。【　】

□ 35 公園のシバを刈り込んだ。【　】

□ 36 密漁防止にジュンシ船がみはる。【　】

標準解答

1 豆腐
2 好奇心
3 物腰
4 外泊
5 素泊
6 居眠
7 軒並
8 光沢
9 薄着
10 沈着
11 近隣
12 条項
13 爆笑
14 機敏
15 刺客
16 格闘
17 凡人
18 健闘
19 手堅
20 合致
21 尾翼
22 床板
23 発作
24 滴
25 歳暮
26 恐縮
27 鉄壁
28 闘病
29 足踏
30 獣道
31 乾杯
32 投稿
33 稲妻
34 尽力
35 芝
36 巡視

点線で折り、解答を隠しても使えます！

熟語パズル

問題

①～④の□にあてはまる四字熟語を入れたとき、ⒶⒷにあらわれる四字熟語はなんでしょう？

1

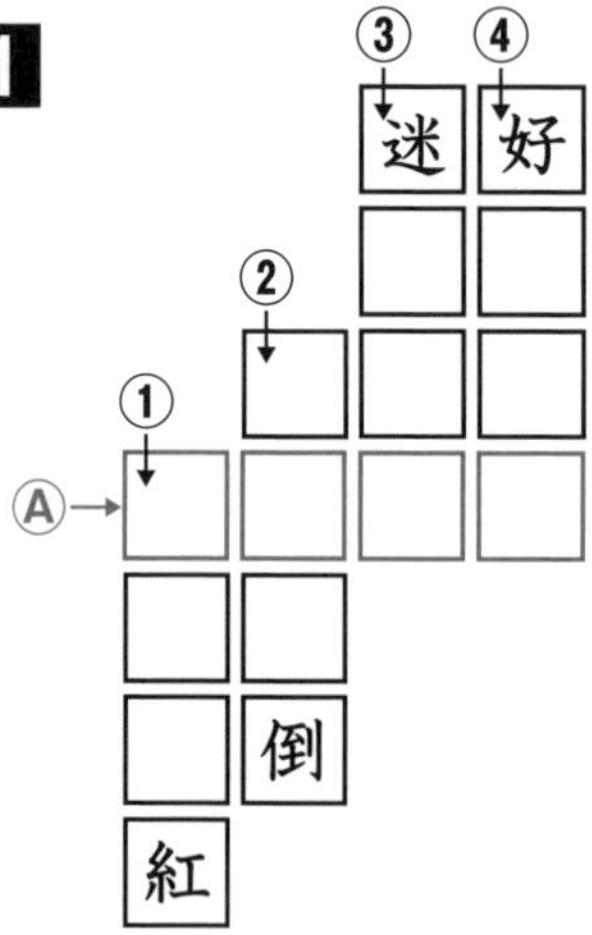

① 色とりどりに美しく咲いている花のこと。

② 立場や順序などが逆転すること。

③ このうえなくめいわくであること。

④ よいチャンスがめぐってくること。

2

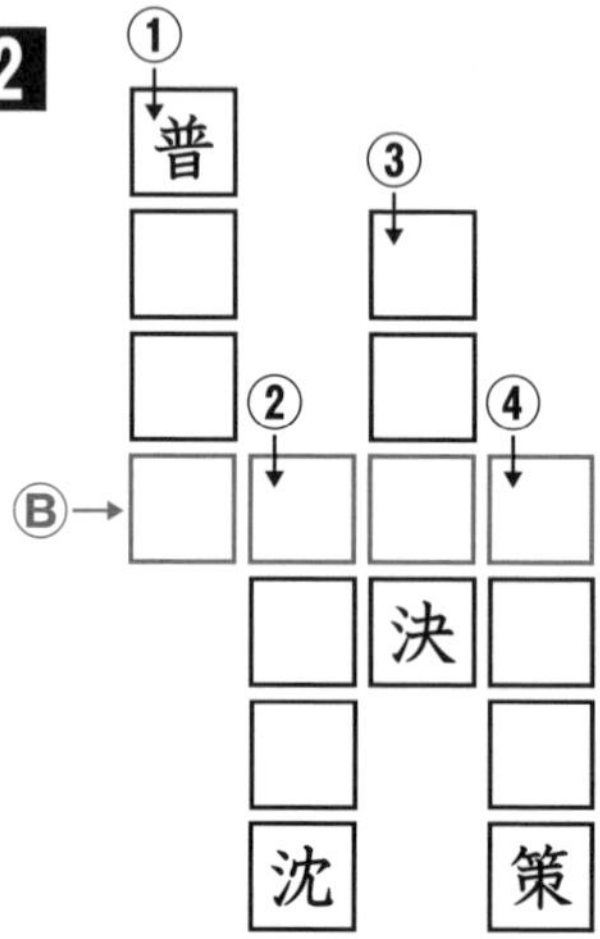

① どんな場合でも正しいとして承認されること。

② すっかり元気がなくなること。

③ その場ですぐに決めること。

④ 人が想像もしないような優れたはかりごと。

答え

1 千客万来

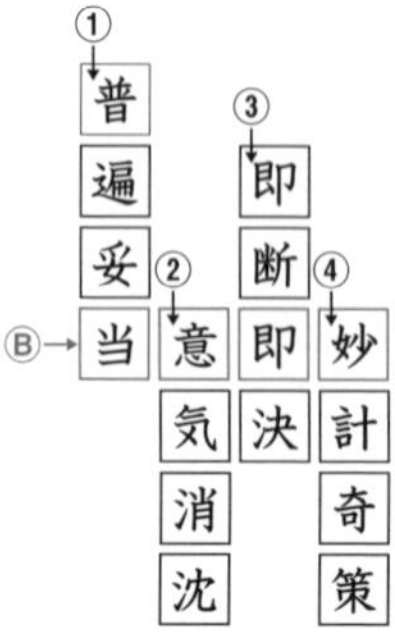

2 当意即妙

curriculum

5 時間目

模擬テスト

最後の総仕上げが模擬テストです。
本試験と同様の形式の問題を、制限時間内で
解き、実力を確かめましょう。

5時間目 模擬テスト

★★ 合格安全圏 160点以上
★ 合格範囲内 140～159点
! 合格圏外 139点以下

総合点 ／200

1 読み

次の――線の漢字の読みをひらがなで記せ。

各1点×30 ／30

□ 1 腰を据えてじっくり話し合う。〔　〕
□ 2 試験に合格し愉悦に浸った。〔　〕
□ 3 絵皿を窯に入れ焼き上がりを待つ。〔　〕
□ 4 輸入制限を撤廃する。〔　〕
□ 5 さわやかな浦風が素肌に心地よい。〔　〕
□ 6 気の向くままに駄文を連ねる。〔　〕
□ 7 極めて妥当な結論と思われる。〔　〕
□ 8 家の地盤は軟らかい。〔　〕
□ 9 入会案内を希望者に頒布した。〔　〕
□ 10 財宝を求めて海底を探索する。〔　〕
□ 11 課題の文書作成に難渋する。〔　〕
□ 12 古い全集は散逸してしまった。〔　〕
□ 13 管弦楽団の指揮をする。〔　〕
□ 14 悠長に構えてはいられない。〔　〕
□ 15 銘菓の土産を持って里帰りする。〔　〕
□ 16 何の取り柄もない凡庸な人物だ。〔　〕

□ 17 地元の吟醸酒を試飲した。 [　　]

□ 18 飢餓に苦しむ人々を救援する。 [　　]

□ 19 野暮な説教にうんざりする。 [　　]

□ 20 不意をついて一泡ふかせる。 [　　]

□ 21 境内には竜神が祭られていた。 [　　]

□ 22 書店で定期購読の申し込みをする。 [　　]

□ 23 自分を欺くことはできない。 [　　]

□ 24 趣味に没頭し忘我に至った。 [　　]

□ 25 関東地域の統轄責任者を務める。 [　　]

□ 26 建坪の上限は建ぺい率で決まる。 [　　]

□ 27 係累のない孤独な身の上だ。 [　　]

□ 28 湯のみの茶渋を洗い落とす。 [　　]

□ 29 試金石となる試合に挑んだ。 [　　]

□ 30 ボランティア団体を主宰する。 [　　]

2 部首

次の漢字の部首を記せ。

各1点×10　／10

〈例〉 菜 [艹]　間 [門]

□ 1 凹 [　　]

□ 2 弔 [　　]

□ 3 亭 [　　]

□ 4 累 [　　]

□ 5 頒 [　　]

□ 6 恭 [　　]

□ 7 吏 [　　]

□ 8 款 [　　]

□ 9 殿 [　　]

□ 10 甘 [　　]

3 熟語の構成

熟語の構成のしかたには、次のようなものがある。

ア 同じような意味の字を重ねたもの (例 岩石)
イ 反対または対応の意味を表す字を重ねたもの (例 高低)
ウ 上の字が下の字を修飾しているもの (例 洋画)
エ 下の字が上の字の目的語・補語になっているもの (例 着席)
オ 上の字が下の字の意味を打ち消しているもの (例 非常)

次の熟語は上のア～オのどれに当たるか、一つ選んで記号を記せ。

各2点×10 ／20

1 濫造 [　]
2 禍根 [　]
3 懐古 [　]
4 叙景 [　]
5 把握 [　]
6 崇仏 [　]
7 舌禍 [　]
8 不朽 [　]
9 旋回 [　]
10 贈答 [　]

4 四字熟語

次の四字熟語について、問1と問2に答えよ。

各2点×15

／30

問1 次の□内のひらがなを漢字にして□に入れ、四字熟語を完成させよ。□内のひらがなは一度だけ使い、一字記せ。

□ 1 ア 支□滅裂

□ 2 イ 前□有望

□ 3 ウ 鶏口牛□

□ 4 エ 有□転変

□ 5 オ 比□連理

□ 6 カ □楽浄土

□ 7 キ 一知□解

□ 8 ク 人□未踏

□ 9 ケ 気炎万□

□ 10 コ 一□千金

い・ご・こく・ごく・じょう・せき・と・はん・よく・り

問2 次の11〜15の意味に当てはまるものを問1のア〜コの四字熟語から一つ選び記号で記せ。

11 大国に従うより小国の王たるほうがよい。〔　〕

12 意気込みが非常に盛んであること。〔　〕

13 将来が希望に満ちていること。〔　〕

14 生はんかな知識や理解のこと。〔　〕

15 男女が仲むつまじいさま。〔　〕

5 対義語・類義語

次の［　］の中の語を一度だけ使って漢字に直し、対義語・類義語を記せ。

各2点×10　／20

対義語

□ 1 剛健［　　］
□ 2 疎遠［　　］
□ 3 逸材［　　］
□ 4 裕福［　　］
□ 5 卑下［　　］

類義語

□ 6 工面［　　］
□ 7 体面［　　］
□ 8 繊細［　　］
□ 9 普通［　　］
□ 10 窮状［　　］

さんだん・じまん・じんじょう・しんみつ・ていさい・なんきょく・にゅうじゃく・びみょう・ひんこん・ぼんさい

6 同音・同訓異字

次の――線のカタカナを漢字で記せ。

各2点×10　／20

□ 1 これにコりて繰り返さないことだ。［　　］
□ 2 長時間にわたる作業で肩がコった。［　　］

□ 3 社会の不ショウ事が後を絶たない。［　　］
□ 4 美術部で自分のショウ像画を描く。［　　］

□ 5 方言が郷シュウを誘う。［　　］
□ 6 技の応シュウで視聴者が興奮する。［　　］

□ 7 虚ギの証言を強いられる。［　　］
□ 8 不当に便ギを図れば罪に問われる。［　　］

□ 9 約束の時間まで余ユウがある。［　　］
□ 10 国民の英ユウとしてたたえられる。［　　］

7 **誤字訂正**

次の各文に間違って使われている同じ読みの漢字が一字ある。
上に誤字を、下に正しい漢字を記せ。

各2点×5

／10

□ **1** 下校時間に合わせて循回中の警察官に謝礼を述べたら笑顔を返された。 ［ ↓ ］

□ **2** 金融の大恐慌が就来するという流言が広がり、国民を不安に陥れた。 ［ ↓ ］

□ **3** 残業を禁止して以来、社員一人当たりの仕事の功率性が向上した。 ［ ↓ ］

□ **4** 視外線は日焼けの原因になるが殺菌作用が高く照射療法等に使われる。 ［ ↓ ］

□ **5** 体内の脂房を消費するには、規則正しい食事、運動と根気が必要である。 ［ ↓ ］

8 送りがな

次の――線のカタカナを漢字一字と送りがな（ひらがな）に直せ。

各2点×5　／10

〈例〉問題にコタエル。［答える］

□ 1 休暇中は古都をメグル旅をした。［　］

□ 2 オトル点はないと自負している。［　］

□ 3 雨音がトタン屋根に鳴りヒビク。［　］

□ 4 タロットカードで将来をウラナウ。［　］

□ 5 混乱をサケルため整理券を配る。［　］

9 書き取り

次の――線のカタカナを漢字に直せ。

各2点×25　／50

□ 1 彼の機嫌をソコなうと大変だ。［　］

□ 2 コウキュウ的な救済が必要だ。［　］

□ 3 日本クッシの観光地を訪れる。［　］

□ 4 経費節減でフキョウを乗り切る。［　］

□ 5 新制度が国民にシントウする。［　］

□ 6 昇進してカタガきが変わった。［　］

□ 7 おかずはサトイモの煮付けだった。［　］

□ 8 バレリーナが優雅にオドる。［　］

□ 9 海賊は宝をチマナコになって探す。［　］

□ 10 ふろを沸かすためにタキギを拾う。［　］

□ 11 ミチハバが狭くて通り抜けにくい。［　　］

□ 12 貧乏暇なしでイソガしく働く。［　　］

□ 13 大型台風がケンガイへ去った。［　　］

□ 14 旧家のゲンカンは土間造りが多い。［　　］

□ 15 ヤシキと呼ぶにふさわしい邸宅だ。［　　］

□ 16 ソウゴに助け合って乗り切る。［　　］

□ 17 大学病院のヒフ科を受診した。［　　］

□ 18 薬品をまいて害虫をゲキタイした。［　　］

□ 19 電波トウが高くそびえ立っている。［　　］

□ 20 食事をエンリョなくいただいた。［　　］

□ 21 頑張ったが力がオヨばなかった。［　　］

□ 22 手をツくしたが不首尾に終わった。［　　］

□ 23 手がかりをタヨりに捜索する。［　　］

□ 24 疲労が蓄積して体の反応がニブい。［　　］

□ 25 時が経過して記憶がウスらいだ。［　　］

5時間目

模擬テスト・標準解答

1 読み

各1点×30

1	2	3	4	5	6	7	8	9	10
す	ゆえつ	かま	てっぱい	うらかぜ	だぶん	だとう	やわ	はんぷ	たんさく

11	12	13	14	15	16	17	18	19	20
なんじゅう	さんいつ	かんげん	ゆうちょう	めいか	ぼんよう	ぎんじょう	きが	やぼ	ひとあわ

21	22	23	24	25	26	27	28	29	30
りゅうじん	こうどく	あざむ	ぼうが	とうかつ	たてつぼ	けいるい	ちゃしぶ	しきんせき	しゅさい

2 部首

各1点×10

1	2	3	4	5	6	7	8	9	10
山	弓	亠	糸	頁	⺌	口	欠	殳	甘

3 熟語の構成

各2点×10

1	2	3	4	5	6	7	8	9	10
ウ	ウ	エ	エ	ア	エ	ウ	オ	ア	イ

きちんと
答え合わせをして、
自分の得点を
計算しよう。

4 四字熟語 各2点×15

問1

1	2	3	4	5	6	7	8	9	10
離	途	後	為	翼	極	半	跡	丈	刻

問2

11	12	13	14	15
ウ	ケ	イ	キ	オ

5 対義語・類義語 各2点×10

1	2	3	4	5	6	7	8	9	10
柔弱	親密	凡才	貧困	自慢	算段	体裁	微妙	尋常	難局

6 同音・同訓異字 各2点×10

1	2	3	4	5	6	7	8	9	10
懲	凝	祥	肖	愁	酬	偽	宜	裕	雄

7 誤字訂正 各2点×5

1	2	3	4	5
循→巡	就→襲	功→効	視→紫	房→肪

8 送りがな 各2点×5

1	2	3	4	5
巡る	劣る	響く	占う	避ける

9 書き取り 各2点×25

1	2	3	4	5	6	7	8	9	10	11	12	13
損	恒久	屈指	不況	浸透	肩書	里芋	踊	血眼	薪	道幅	忙	圏外

14	15	16	17	18	19	20	21	22	23	24	25
玄関	屋敷	相互	皮膚	撃退	塔	遠慮	及	尽	頼	鈍	薄

熟語パズル

問題

□に漢字一字を入れて、二字熟語をそれぞれ4つ作ってみよう。

例

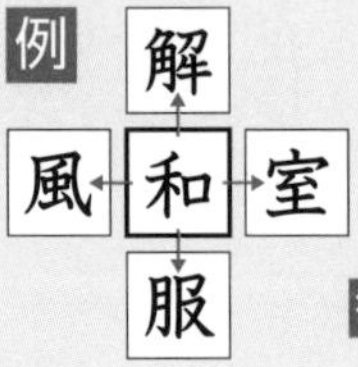

答え 和［和解　和室
　　　　和服　和風

1

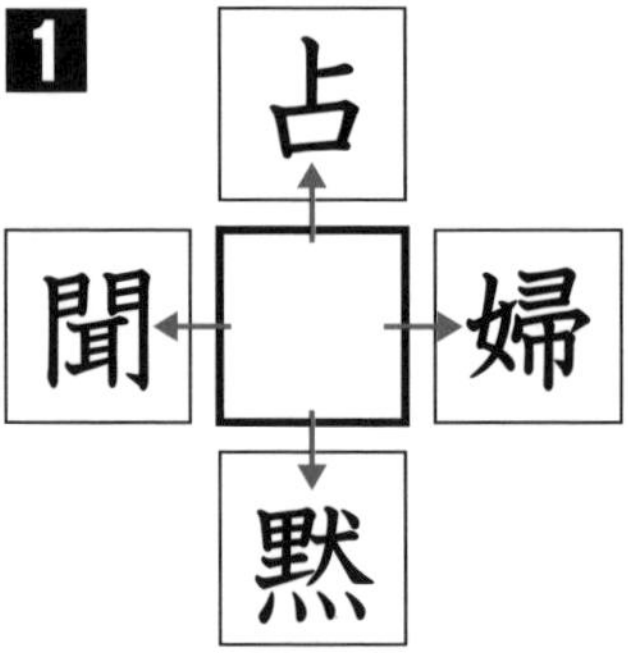

2

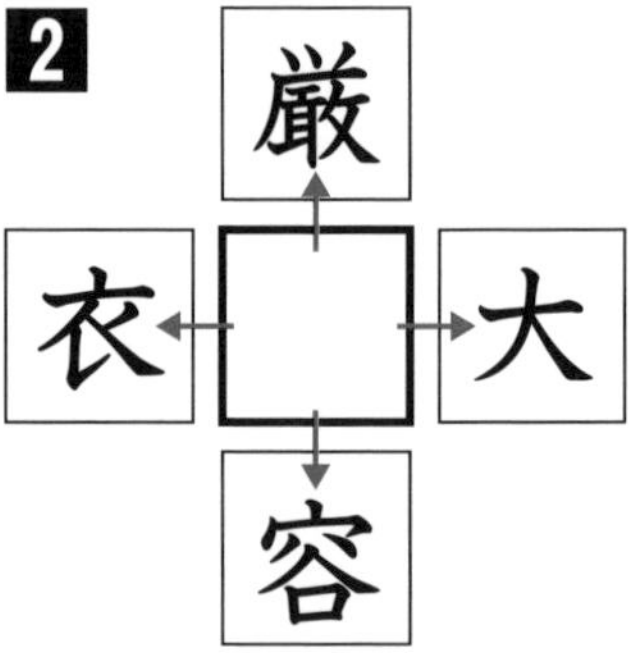

3

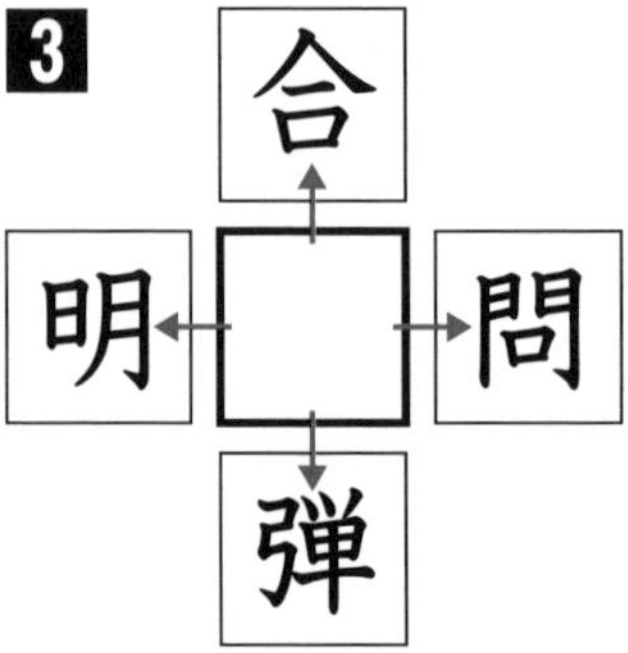

4

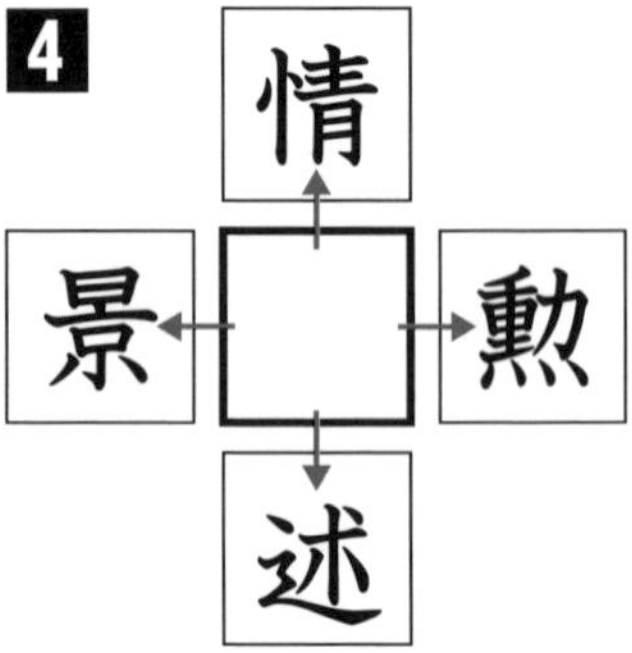

答え **1** 寡　**2** 寛　**3** 糾　**4** 叙

curriculum

補習授業①

新出配当漢字対策

328字

※例文の書き取り問題は、見出しの漢字を使ってください
※準2級の配当漢字を部首ごとに分けて収録しています。■は頻出度の高い漢字
※読みは原則として音読みをカタカナで、訓読みをひらがなで、送りがなは( )に入れて示しています。高は高校で習う読み

準2級新出配当漢字対策

部首 漢字 読み

一 いち

且 か(つ)
必要**カ**つ十分な条件。 [且]

丙 ヘイ
甲乙**ヘイ**の評価。 [丙]

二 に

亜 ア
アリュウの作品。 [亜流]
アネッタイの風土。 [亜熱帯]

亠 なべぶた・けいさんかんむり

享 キョウ
キョウラク的な生活。 [享楽]
自由の**キョウジュ**。 [享受]

亭 テイ
リョウテイで会う。 [料亭]
テイシュ関白。 [亭主]

亻 にんべん

仙 セン
センキョウに暮らす。 [仙境]
スイセンの花が咲く。 [水仙]

但 ただ(し)
契約書の**タダ**し書き。 [但]

伯 ハク
勢力**ハク**仲の情勢。 [伯]
ハクシャク家の令嬢。 [伯爵]

侮 ブ / あなど(る) 高
ケイブの目で見る。 [軽侮]
ブジョクを受ける。 [侮辱]

併 ヘイ / あわ(せる)
旧姓を**ヘイキ**する。 [併記]
二冊を**ヘイドク**する。 [併読]

侯 コウ
コウシャクの子息。 [侯爵]
西欧の**オウコウ**貴族。 [王侯]

俊 シュン
英**シュン**豪傑の学者。 [俊]
シュンビンな動き。 [俊敏]

四字熟語 勢力伯仲(せいりょくはくちゅう)…力が接近していて優劣のつけにくいさま。

部首 / 漢字 / 読み

にんべん 亻

俸 ホウ
ゲンポウ処分が下る。［減俸］
破格の**ネンポウ**。［年俸］

倫 リン
リンリ感に欠ける。［倫理］
ジンリンに背く行為。［人倫］

偽 ギ／いつわ(る)／にせ 高
法廷で**ギショウ**する。［偽証］
シンギを確かめる。［真偽］

偵 テイ
敵情を**テイサツ**する。［偵察］
タンテイ小説を読む。［探偵］

偏 ヘン／かたよ(る)
資源が**ヘンザイ**する。［偏在］
ヘンクツな人。［偏屈］

傑 ケツ
名だたる英俊豪**ケツ**。［傑］
ケッシュツした才能。［傑出］

僕 ボク
コウボク意識。［公僕］

僚 リョウ
カンリョウの天下り。［官僚］
カクリョウに任ずる。［閣僚］

儒 ジュ
ジュキョウの伝来。［儒教］

償 ショウ／つぐな(う)
バイショウを求める。［賠償］
負債の**ショウキャク**。［償却］

ひとやね 人

傘 サン 高／かさ
折り畳みの**アマガサ**。［雨傘］
ヒガサで陽光を遮る。［日傘］

ひとあし・にんにょう 儿

充 ジュウ／あ(てる) 高
施設の**カクジュウ**。［拡充］
煙が**ジュウマン**する。［充満］

にすい 冫

准 ジュン
条約を**ヒジュン**する。［批准］

うけばこ 凵

凹 オウ
オウトツのある道。［凹凸］

凸 トツ
地面の**オウトツ**。［凹凸］

かたな 刀

刃 ジン 高／は
ハサキがこぼれる。［刃先］
ハモノを研ぐ。［刃物］

四字熟語 英俊豪傑（えいしゅんごうけつ）…大勢の中で優れた人物。

部首	漢字	読み

刂 りっとう

剛 ゴウ
外柔内**ゴウ**の態度。［剛］
質実**ゴウ**健の気風。［剛］

剖 ボウ
遺体を**カイボウ**する。［解剖］

剰 ジョウ
ジョウヨ金が生じる。［剰余］
カジョウに摂取する。［過剰］

力 ちから

劾 ガイ
失政を**ダンガイ**する。［弾劾］

力 ちから

勅 チョク
チョクシを遣わす。［勅使］

勲 クン
秋の**ジョクン**。［叙勲］
クンコウを立てる。［勲功］

十 じゅう

升 ショウ　ます
原稿用紙の**マスメ**。［升目］
マスセキで観戦する。［升席］

厂 がんだれ

厄 ヤク
一晩**ヤッカイ**になる。［厄介］
ヤクドシを迎える。［厄年］

又 また

叔 シュク
オバの家を訪ねる。［叔母］
オジの家に下宿する。［叔父］

叙 ジョ
ジョクンを受ける。［叙勲］
ジョケイの歌を詠む。［叙景］

口 くち

呉 ゴ
ゴ越同舟の様相。［呉］
ゴフク商を営む。［呉服］

呈 テイ
自著を**キンテイ**する。［謹呈］
力不足が**ロテイ**する。［露呈］

唇 シン 高　くちびる
クチビルをとがらす。［唇］

喪 ソウ　も
禍福得**ソウ**の人生。［喪］
モチュウで自粛する。［喪中］

嗣 シ
将軍の**ケイシ**を選ぶ。［継嗣］

ロ くちへん

吟 ギン
漢詩を**ギンエイ**する。［吟詠］
謡曲を**ドクギン**する。［独吟］

四字熟語 外柔内剛（がいじゅうないごう）…外見は穏やかそうでも意志は強いこと。

部首 | 漢字 | 読み

くちへん 口

唆 サ / そそのか(す) 高
脱税を**キョウサ**する。［教唆］

喝 カツ
本質を**カッパ**する。［喝破］
先生の大**カツ**一声。［喝］

唯 イ 高 / ユイ
ユイビ主義的な作品。［唯美］
ユイ一無二の存在。［唯］

嚇 カク
敵を**イカク**する。［威嚇］

くにがまえ 囗

囚 シュウ
リョシュウの身。［虜囚］
ユウシュウの身。［幽囚］

つち 土

堕 ダ
腐敗**ダ**落した政治。［堕］
生活が**ダラク**する。［堕落］

塁 ルイ
民芸の**コルイ**を守る。［孤塁］
走者が**トウルイ**する。［盗塁］

塑 ソ
ソゾウを制作する。［塑像］
チョウソ作品。［彫塑］

つち 土

塾 ジュク
シジュクで書を習う。［私塾］

つちへん 土

坪 つぼ
家の**タテツボ**を測る。［建坪］
閑雅な**ツボニワ**。［坪庭］

垣 かき
カキネを巡らす。［垣根］
ヒトガキができる。［人垣］

培 バイ / つちか(う) 高
野菜を**サイバイ**する。［栽培］
細菌を**バイヨウ**する。［培養］

堀 ほり
ホリで水鳥が泳ぐ。［堀］

堪 カン 高 / た(える)
鑑賞に**タ**える絵画。［堪］

塚 つか
カイヅカを発掘する。［貝塚］

塀 ヘイ
ドベイで家を囲う。［土塀］

四字熟語 腐敗堕落（ふはいだらく）… 精神が乱れて、身をもち崩すこと。

部首｜漢字｜読み

つちへん 土

壌　ジョウ
ドジョウを改良する。［土壌］

さむらい 士

壮　ソウ
少**ソウ**気鋭の人材。［壮］
気宇**ソウ**大な計画。［壮］

だい 大

奔　ホン
自由**ホンポウ**な人生。［奔放］
ホンリュウの勢い。［奔流］

奨　ショウ
退職の**カンショウ**。［勧奨］
ショウガク金の貸与。［奨学］

おんな 女

妄　ボウ 高 モウ
誇大**モウ**想に陥る。［妄］
メイモウを打破する。［迷妄］

妥　ダ
普遍**ダ**当な法則。［妥］
互いに**ダキョウ**する。［妥協］

おんなへん 女

妃　ヒ
オウヒの座に就く。［王妃］
ヒデンカのご臨席。［妃殿下］

妊　ニン
ニンプに席を譲る。［妊婦］
ニンシンが判明する。［妊娠］

姻　イン
コンイン届を出す。［婚姻］

娠　シン
ニンシン六か月。［妊娠］

媒　バイ
疫病を**バイカイ**する。［媒介］
広告の**バイタイ**。［媒体］

嫌　ケン ゲン いや きら(う)
虫を**ケギラ**いする。［毛嫌］
ケンギが晴れる。［嫌疑］

嫡　チャク
本家の**チャクナン**。［嫡男］

うかんむり 宀

宜　ギ
テキギ休憩を取る。［適宜］
ベンギを与える。［便宜］

宰　サイ
劇団を**シュサイ**する。［主宰］
一国の**サイショウ**。［宰相］

宵　ショウ 高 よい
ヨイの明星が輝く。［宵］

四字熟語 少壮気鋭（しょうそうきえい）…若くて意気盛んであること。

部首 / 漢字 / 読み

うかんむり 宀

寛 カン
カンゲンの使い分け。［寛厳］
カンヨウな態度。［寛容］

寡 カ
カショウな人員。［寡少］
シュウカ敵せず。［衆寡］

寧 ネイ
国の**アンネイ**を祈る。［安寧］
テイネイに扱う。［丁寧］

寮 リョウ
学生の**ニュウリョウ**。［入寮］
リョウセイの募集。［寮生］

すん 寸

尉 イ
タイイに昇進する。［大尉］

しょう ⺌

尚 ショウ
時期**ショウソウ**だ。［尚早］
コウショウな趣味。［高尚］

かばね・しかばね 尸

尼 ニ 高 / あま
出家して**アマ**になる。［尼］

履 リ / は(く)
リレキ書を提出する。［履歴］
科目を**リシュウ**する。［履修］

てつ 屮

屯 トン
軍が**チュウトン**する。［駐屯］

やま 山

崇 スウ
スウハイを集める。［崇拝］
スウブツ論争。［崇仏］

やまへん 山

岬 みさき
ミサキに灯台が建つ。［岬］

はば 巾

帥 スイ
グループの**ソウスイ**。［総帥］

はば 巾

幣 ヘイ
硬貨を**ゾウヘイ**する。［造幣］
シヘイを両替する。［紙幣］

まだれ 广

庶 ショ
会社の**ショム**を担う。［庶務］
ショミン的な暮らし。［庶民］

庸 ヨウ
ボンヨウな作品。［凡庸］
チュウヨウを得る。［中庸］

廃 ハイ / すた(る) / すた(れる)
王国の**コウハイ**。［興廃］
ソンパイを議論する。［存廃］

四字熟語 安寧秩序（あんねいちつじょ）… 社会が平穏で、安定していること。

えんにょう 廴

廷

テイ

証人の**シュッテイ**。［出廷］

キュウテイ料理。［宮廷］

こまぬき・にじゅうあし 廾

弊

ヘイ

ヘイフウを一掃する。［弊風］

ヘイガイが生じる。［弊害］

ゆみ 弓

弔

チョウ
とむら(う)

ケイチョウ用の礼服。［慶弔］

チョウイ金を贈る。［弔慰］

ゆみへん 弓

弦

ゲン
つる 高

カゲンの月が昇る。［下弦］

欧州の**カンゲン**楽団。［管弦］

さんづくり 彡

彰

ショウ

皆勤の**ヒョウショウ**。［表彰］

ぎょうにんべん 彳

循

ジュン

血液の**ジュンカン**。［循環］

徹

テツ

危険の周知**テッ**底。［徹　］

初志貫**テツ**する。［徹　］

りっしんべん 忄

悼

トウ
いた(む) 高

アイトウの意。［哀悼］

故人を**ツイトウ**する。［追悼］

惰

ダ

ダミンをむさぼる。［惰眠］

ダジャクな精神。［惰弱］

愉

ユ

ユエツの時を過ごす。［愉悦］

ユカイに過ごす。［愉快］

憤

フン
いきどお(る) 高

ギフンを覚える。［義憤］

フンガイに堪えない。［憤慨］

懐

カイ
なつ(かしい) 高
なつ(かしむ) 高
なつ(く) 高
なつ(ける) 高
ふところ 高

カイキョウの情。［懐郷］

青春を**カイコ**する。［懐古］

憾

カン

イカンなく発揮する。［遺憾］

てへん 扌

抄

ショウ

古典の**ショウヤク**。［抄訳］

戸籍**ショウホン**。［抄本］

把

ハ

現状を**ハアク**する。［把握］

オオザッパな考え方。［大雑把］

扶

フ

妻子を**フヨウ**する。［扶養］

相互**フジョ**の精神。［扶助］

四字熟語 徹頭徹尾（てっとうてつび）… 最初から最後まで貫くこと。

部首｜漢字｜読み

てへん 扌

拐 カイ
- **ユウカイ**事件の解決。［誘拐］

拒 キョ こば(む)
- 要求を**キョヒ**する。［拒否］
- 面会を**キョゼツ**する。［拒絶］

拙 セツ つたな(い)
- **コウセツ**を問わない。［巧拙］
- **セツレツ**極まりない。［拙劣］

披 ヒ
- 書状を**ヒケン**する。［披見］
- 演技を**ヒロウ**する。［披露］

抹 マツ
- **マッチャ**でもてなす。［抹茶］
- 登録の**マッショウ**。［抹消］

括 カツ
- **ガイカツ**して述べる。［概括］
- 全体を**トウカツ**する。［統括］

挟 キョウ 高 はさ(まる) はさ(む)
- 経営に口を**ハサ**む。［挟　］

拷 ゴウ
- **ゴウモン**に耐える。［拷問］

挑 チョウ いど(む)
- 困難への**チョウセン**。［挑戦］
- 相手の**チョウハツ**。［挑発］

捜 ソウ さが(す)
- 山中を**ソウサク**する。［捜索］
- 事件を**ソウサ**する。［捜査］

挿 ソウ さ(す)
- 図を**ソウニュウ**する。［挿入］

据 す(える) す(わる)
- 将来を**ミス**える。［見据］

搭 トウ
- **トウジョウ**手続き。［搭乗］
- 兵器を**トウサイ**する。［搭載］

撤 テツ
- 制限を**テッパイ**する。［撤廃］
- 前言を**テッカイ**する。［撤回］

撲 ボク
- 全身を**ダボク**する。［打撲］
- **スモウ**を観戦する。［相撲］

擬 ギ
- 地震の**ギジ**体験。［擬似］
- **モギ**試験を受ける。［模擬］

四字熟語 巧遅拙速（こうちせっそく）… 上手で遅いより下手でも速い方がよいこと。

部首 ｜ 漢字 ｜ 読み

さんずい 氵

汁 ジュウ / しる
シルコを食べる。［汁粉］
ボクジュウで書く。［墨汁］

江 コウ / え
エド時代の風習。［江戸］
入り**エ**に停泊する。［江］

泥 デイ 高 / どろ
ドロヌマに陥った。［泥沼］
ドロナワ式の対応。［泥縄］

沸 フツ / わ(かす) わ(く)
フツフツと煮え立つ。［沸々］
フッテンに達する。［沸点］

泡 ホウ / あわ
ヒトアワ吹かせる。［一泡］
ハッポウスチロール。［発泡］

洪 コウ
大雨による**コウズイ**。［洪水］
コウセキ層の台地。［洪積］

浄 ジョウ
ジョウザイを募る。［浄財］
極楽**ジョウ**土の世界。［浄］

津 シン 高 / つ
ツナミから避難する。［津波］

洞 ドウ / ほら
ホラアナに入る。［洞穴］
鋭い**ドウサツ**力。［洞察］

浦 うら
ウラカゼが吹く。［浦風］

涯 ガイ
ショウガイを顧みる。［生涯］
天**ガイ**孤独の身の上。［涯］

渇 カツ 高 / かわ(く)
のどが**カワ**く。［渇］

渓 ケイ
ケイコク沿いを歩く。［渓谷］
ケイリュウを下る。［渓流］

渋 ジュウ / しぶ しぶ(い) しぶ(る)
シブカワをむく。［渋皮］
チャシブを落とす。［茶渋］

淑 シュク
紳士と**シュクジョ**。［淑女］
シシュクする作家。［私淑］

渉 ショウ
ショウガイ担当者。［渉外］
内政への**カンショウ**。［干渉］

四字熟語 極楽浄土(ごくらくじょうど)…阿弥陀仏がいるとされる安らかな世界。

部首　漢字　読み

さんずい　氵

涼　リョウ　すず(しい)　すず(む)
ノウリョウ花火大会。［納涼］
セイリョウな空気。［清涼］

渦　カ 高　うず
ウズシオを見物する。［渦潮］
怒りが**ウズマ**く。［渦巻］

溝　コウ　みぞ
カイコウを探査する。［海溝］

漠　バク
コウバクたる原野。［広漠］
バクゼンとした印象。［漠然］

漆　シツ　うるし
シッコクのやみ。［漆黒］
ウルシヌりの食器。［漆塗］

漸　ゼン
ゼンシン的な成長。［漸進］
人口が**ゼンゾウ**する。［漸増］

漬　つ(かる)　つ(ける)
白菜の**シオヅ**け。［塩漬］
チャヅけを食べる。［茶漬］

濯　タク
衣類を**センタク**する。［洗濯］

けものへん　犭

猫　ビョウ 高　ねこ
両親とも**ネコジタ**だ。［猫舌］
ネコゼを治す。［猫背］

猶　ユウ
ユウヨを与える。［猶予］

猿　エン　さる
ケンエンの仲。［犬猿］
サルヂエを働かせる。［猿知恵］

くさかんむり　艹

茎　ケイ　くき
はれた**ハグキ**が痛む。［歯茎］
里芋は**チカケイ**だ。［地下茎］

荘　ソウ
避暑地の**サンソウ**。［山荘］
ベッソウで静養する。［別荘］

菌　キン
コウキン加工を施す。［抗菌］
ザッキンを除去する。［雑菌］

薫　クン 高　かお(る)
若葉が**カオ**る。［薫］

薦　セン　すす(める)
ジセンの候補者。［自薦］
後任を**スイセン**する。［推薦］

対義語　漆黒⇔純白

部首｜漢字｜読み

くさかんむり 艹

藻 ソウ／も
カイソウを養殖する。［海藻］

しんにょう・しんにゅう 辶

迅 ジン
ジンソクに対応する。疾風**ジン**雷の勢い。［迅速］［迅］

迭 テツ
大臣を**コウテツ**する。［更迭］

逝 セイ／い(く)高／ゆ(く)高
病で**キュウセイ**する。師が**セイキョ**される。［急逝］［逝去］

逐 チク
チクジ発表する。古文の**チクゴヤク**。［逐次］［逐語訳］

逓 テイ
売上が**テイゾウ**する。生産が**テイゲン**する。［逓増］［逓減］

逸 イツ
任務を**イツダツ**する。**シュウイツ**な作品。［逸脱］［秀逸］

遍 ヘン
普**ヘン**妥当な思想。**マンベン**なく見渡す。［遍］［満(万)遍］

遮 シャ／さえぎ(る)
寝室を**シャコウ**する。音を**シャダン**する。［遮光］［遮断］

遷 セン
平安京に**セント**する。閑職に**サセン**される。［遷都］［左遷］

還 カン
都市間の**オウカン**。利益を**カンゲン**する。［往還］［還元］

おおざと 阝

邸 テイ
コウテイで会談する。**ベッテイ**を構える。［公邸］［別邸］

こざとへん 阝

附 フ
仲間に**フ**和雷同する。［附］

陥 カン／おちい(る)／おとしい(れる)高
ケッカンを見抜く。地面が**カンボツ**する。［欠陥］［陥没］

隅 グウ／すみ
スミズミまで探す。都会の**カタスミ**。［隅々］［片隅］

こころ 心

忍 ニン／しの(ばせる)／しの(ぶ)
隠**ニン**自重する。**ニンク**の日々を送る。［忍］［忍苦］

四字熟語　隠忍自重(いんにんじちょう)…苦しみなどをじっとこらえ、軽々しい行動をしないこと。

部首 漢字 読み

こころ 心

患 カン わずら(う) 高
シッカンが完治する。［疾患］
キュウカンを診る。［急患］

悠 ユウ
ユウキュウの歴史。［悠久］
ユウ々自適の生活。［悠］

愁 シュウ うれ(い) 高 うれ(える) 高
ユウシュウの色。［憂愁］
リョシュウに浸る。［旅愁］

慶 ケイ
ケイチョウ電報。［慶弔］
ご**ドウケイ**の至り。［同慶］

懇 コン ねんご(ろ) 高
コンダン会を開く。［懇談］
協力を**コンセイ**する。［懇請］

懲 チョウ こ(らしめる) こ(らす) こ(りる)
勧善**チョウ**悪の小説。［懲］
チョウカイ処分。［懲戒］

懸 ケン ケ 高 か(かる) か(ける)
イノチガけで守る。［命懸］
ケンショウに当たる。［懸賞］

したごころ 㣺

恭 キョウ うやうや(しい) 高
キョウジュンの意。［恭順］
キョウガ新年。［恭賀］

とだれ・とかんむり 戸

戻 レイ 高 もど(す) もど(る)
アトモドりできない。［後戻］

扉 ヒ 高 とびら
本の**トビラエ**を描く。［扉絵］

て 手

摩 マ
タイヤが**マメツ**する。［摩滅］
林立する**マテンロウ**。［摩天楼］

ほうへん・かたへん 方

旋 セン
上空を**センカイ**する。［旋回］
美しい**センリツ**。［旋律］

ひ 日

昆 コン
コンブでだしをとる。［昆布］
コンチュウの採集。［昆虫］

ひへん 日

暁 ギョウ 高 あかつき
アカツキを告げる鐘。［暁］

ひらび・いわく 曰

曹 ソウ
ジュウソウで洗う。［重曹］
ホウソウ界の重鎮。［法曹］

つきへん 月

朕 チン
チンは国家なり。［朕］

四字熟語 勧善懲悪（かんぜんちょうあく）… 善行を奨励して悪行をこらしめること。

部首 / 漢字 / 読み

木 き

栽 サイ

野菜を**サイバイ**する。［栽培］
ボンサイを育てる。［盆栽］

木 きへん

朴 ボク

シツボクな青年。［質朴］
ジュンボクな人柄。［純朴］

杉 すぎ

スギナミキが続く。［杉並木］
巨大**ジョウモンスギ**。［縄文杉］

枢 スウ

スウヨウな職に就く。［枢要］
国家の**チュウスウ**。［中枢］

析 セキ

情報を**ブンセキ**する。［分析］
情報を**カイセキ**する。［解析］

枠 わく

オオワクが固まる。［大枠］
マドワクを修理する。［窓枠］

柳 リュウ・やなぎ

センリュウを詠む。［川柳］

核 カク

カクシンに触れる。［核心］
会社の**チュウカク**。［中核］

桟 サン

サンドウを通る。［桟道］
サンバシを渡る。［桟橋］

栓 セン

ガスの**セン**を閉める。［栓］

棺 カン

シュッカンを見送る。［出棺］

棚 たな

山に**タナダ**が広がる。［棚田］
タナオロしをする。［棚卸］

棟 トウ・むな（高）・むね

ジョウトウ式を催す。［上棟］
ムネアげを祝う。［棟上］

槽 ソウ

ヨクソウに湯を張る。［浴槽］
スイソウで魚を飼う。［水槽］

欠 あくび・かける

款 カン

テイカンを作成する。［定款］
ラッカンを押す。［落款］

歹 かばねへん・いちたへん・がつへん

殉 ジュン

警官の**ジュンショク**。［殉職］
ジュンキョウの地。［殉教］

四字熟語　汗牛充棟（かんぎゅうじゅうとう）… 蔵書が非常に多いことのたとえ。

部首 漢字 読み

るまた・ほこづくり 殳
殻
カク
から
コウカク類に属する。［甲殻］
チカクが変動する。［地殻］

ひへん 火
煩
ハン
ボン 高
わずら(う)
わずら(わす)
ハンボウを極める。［煩忙］
ハンザツな事務作業。［煩雑］

つめかんむり・つめがしら 爫
爵
シャク
シャクイを世襲する。［爵位］
ハクシャク家の屋敷。［伯爵］

いぬ 犬
献
ケン
コン
ケンシン的な看護。［献身］
ケンケツに協力する。［献血］

おう 王
琴
キン
こと
キンセンに触れる。［琴線］
モッキンを演奏する。［木琴］

おうへん・たまへん 王
珠
シュ
シュギョクの短編集。［珠玉］
シュザンを習う。［珠算］

しめすへん 礻
祥
ショウ
仏教**ハッショウ**の地。［発祥］
フショウな出来事。［不祥］

禍
カ
サイカに見舞われる。［災禍］
将来に**カコン**を残す。［禍根］

しめすへん 礻
禅
ゼン
ゼンモンドウを聞く。［禅問答］
本堂で**ザゼン**を組む。［座　禅］

にくづき 月
肌
はだ
薬で**ハダア**れを治す。［肌荒］
ハダギを身につける。［肌着］

肢
シ
運動で**カシ**を鍛える。［下肢］
シシを伸ばす体操。［四肢］

にく 肉
肖
ショウ
フショウの息子。［不肖］
ショウゾウ画を飾る。［肖像］

にく 肉
肯
コウ
コウテイ的に考える。［肯定］
シュコウしがたい。［首肯］

たま 玉
璽
ジ
御名御**ジ**を賜る。［　璽　］

かわら 瓦
瓶
ビン
テツビンの湯を注ぐ。［鉄瓶］
カビンに菊を生ける。［花瓶］

かん・あまい 甘
甚
ジン 高
はなは(だ)
はなは(だしい)
ハナハだ迷惑する。［　甚　］

四字熟語 禍福得喪（かふくとくそう）… 災いや幸福にあったり、成功して出世したり位を失ったりすること。

部首｜漢字｜読み

田 た

畝 うね
畑に**ウネ**を作る。［畝］

疋 ひきへん

疎 ソ　うと（い）高　うと（む）高
シンソを区別しない。［親疎］
人口分布の**ソミツ**。［疎密］

疒 やまいだれ

疫 エキ　ヤク高
空港の**ケンエキ**所。［検疫］
素早い**ボウエキ**対策。［防疫］

症 ショウ
風邪の**ショウジョウ**。［症状］
エンショウを起こす。［炎症］

痢 リ
ゲリに苦しむ。［下痢］
エキリにかかる。［疫痢］

痴 チ
チタイを演じる。［痴態］
仕事の**グチ**をこぼす。［愚痴］

癒 ユ　い（える）　い（やす）
骨折が**チユ**する。［治癒］
風邪が**カイユ**する。［快癒］

目 め

盲 モウ
モウドウケンの訓練。［盲導犬］
モウテンを突かれる。［盲点］

目 め

督 トク
返済を**トクソク**する。［督促］
現場を**カントク**する。［監督］

目 めへん

眺 チョウ　なが（める）
チョウボウが開ける。［眺望］

睡 スイ
昼食後に**ゴスイ**する。［午睡］
スイマに襲われる。［睡魔］

矢 やへん

矯 キョウ　た（める）高
歯列の**キョウセイ**。［矯正］

石 いし

碁 ゴ
イゴの対局をする。［囲碁］
ゴバンに向かう。［碁盤］

磨 マ　みが（く）
百戦錬**マ**の選手。［磨］
表面を**ケンマ**する。［研磨］

石 いしへん

砕 サイ　くだ（く）　くだ（ける）
岩を**フンサイ**する。［粉砕］
粉骨**サイ**身する。［砕］

硝 ショウ
ショウエンが上がる。［硝煙］

四字熟語　百戦錬磨（ひゃくせんれんま）…多くの実戦に参加して経験を積むこと。

部首 漢字 読み

いしへん 石

硫 リュウ
リュウサンで溶かす。［硫酸］
イオウ分を含む温泉。［硫黄］

礁 ショウ
漁船がザショウする。［座礁］
アンショウを避ける。［暗礁］

のぎへん 禾

租 ソ
水害でメンソされる。［免租］
隣国のソシャク地。［租借］

秩 チツ
チツジョを回復する。［秩序］

のぎへん 禾

稼 カ 高 かせ(ぐ)
点数をカセぐ。［稼］

あなかんむり 穴

窃 セツ
セットウで逮捕する。［窃盗］

窮 キュウ きわ(まる) 高 きわ(める) 高
財政のキュウハク。［窮迫］
コンキュウした家庭。［困窮］

窯 ヨウ 高 かま
炭のカマダし。［窯出］
イシガマで炭を焼く。［石窯］

したみず 氺

泰 タイ
天下タイ平を祈る。［泰］
学界のタイト。［泰斗］

あみがしら・あみめ・よこめ 罒

罷 ヒ
同盟ヒギョウに入る。［罷業］
閣僚をヒメンする。［罷免］

羅 ラ
数字をラレツする。［羅列］
全商品をモウラする。［網羅］

ころもへん 衤

裕 ユウ
フユウな家庭に育つ。［富裕］
時間のヨユウがある。［余裕］

ころもへん 衤

褐 カツ
カッショクの肌。［褐色］

襟 キン 高 えり
エリアシを整える。［襟足］
エリクビをつかむ。［襟首］

たけかんむり 𥫗

筒 トウ つつ
情報がツツヌけだ。［筒抜］
ホースのツツサキ。［筒先］

こめへん 米

粧 ショウ
ケショウを落とす。［化粧］

四字熟語 泰然自若(たいぜんじじゃく)…落ち着きはらって物事に動じない様子。

部首 漢字 読み

糸 いと

索 サク
山中をソウサクする。［捜索］
行方をタンサクする。［探索］

累 ルイ
債務がルイセキする。［累積］
ケイルイのない身。［係累］

繭 ケン 高 まゆ
マユから糸を紡ぐ。［繭］

糸 いとへん

糾 キュウ
会議のフンキュウ。［紛糾］
罪をキュウダンする。［糾弾］

紡 ボウ つむ(ぐ) 高
ボウセキ業で栄える。［紡績］
綿と麻のコンボウ糸。［混紡］

紳 シン
シンシ的に話し合う。［紳士］

緒 ショ チョ お
ショロンで述べる。［緒論］
ハナオをすげ替える。［鼻緒］

繊 セン
センサイな感覚。［繊細］
センモウを持つ生物。［繊毛］

缶 ほとぎ

缶 カン
カンコーヒーを飲む。［缶］

羽 はね

翁 オウ
ロウオウの昔話。［老翁］

耒 すきへん・らいすき

耗 コウ 高 モウ
体力のショウモウ。［消耗］
部品がマモウする。［磨耗］

聿 ふでづくり

粛 シュク
セイシュクを求める。［静粛］
シュクゼンたる気分。［粛然］

自 みずから

臭 シュウ くさ(い) にお(う)
フシュウを放つ。［腐臭］
ナマグサい話になる。［生臭］

舟 ふねへん

舶 ハク
センパクが航行する。［船舶］
ハクライの腕時計。［舶来］

艇 テイ
カンテイが集結する。［艦艇］
キョウテイの選手。［競艇］

艦 カン
カンテイが寄港する。［艦艇］
カンチョウの命令。［艦長］

四字熟語 暗中模索(あんちゅうもさく)…手がかりがないまま色々とやってみること。

部首 / 漢字 / 読み

とらがしら・とらかんむり 虍

- **虞** おそれ
  - 大雨の**オソレ**がある。[虞]
- **虜** リョ
  - **リョシュウ**となる。[虜囚]
  - **ホリョ**を収容する。[捕虜]

むし 虫

- **蛍** ケイ／ほたる
  - **ケイコウ**灯で照らす。[蛍光]
  - **ケイセツ**の功を積む。[蛍雪]
- **融** ユウ
  - 氷が**ユウカイ**する。[融解]
  - **ユウシ**を受ける。[融資]

むしへん 虫

- **蚊** か
  - **カバシラ**が立つ。[蚊柱]
- **蛇** ジャ／ダ／へび
  - 竜頭**ダ**尾に終わる。[蛇]
  - **チョウダ**の列に並ぶ。[長蛇]

ぎょうがまえ・ゆきがまえ 行

- **衡** コウ
  - **キンコウ**が破れた。[均衡]
  - 体の**ヘイコウ**を保つ。[平衡]

ころも 衣

- **衷** チュウ
  - **セッチュウ**案を出す。[折衷]
  - **クチュウ**を察する。[苦衷]

ころも 衣

- **褒** ホウ 高／ほ(める)
  - 相手の長所を**ホ**める。[褒]

おおいかんむり 襾

- **覇** ハ
  - **ソウハ**戦を勝ち抜く。[争覇]
  - **ハギョウ**を遂げる。[覇業]

げん 言

- **誓** セイ／ちか(う)
  - 証人が**センセイ**する。[宣誓]
  - **セイヤク**を立てる。[誓約]
- **謄** トウ
  - 戸籍**トウホン**の請求。[謄本]

ごんべん 言

- **訟** ショウ
  - **ソショウ**を起こす。[訴訟]
- **詐** サ
  - 経歴の**サショウ**。[詐称]
  - **サギ**商法が横行する。[詐欺]
- **詔** ショウ／みことのり 高
  - **ショウショ**の発布。[詔書]
- **診** シン／み(る)
  - **モンシン**を受ける。[問診]
  - 内科の**シンリョウ**。[診療]

四字熟語 竜頭蛇尾(りゅうとうだび)…初めは勢いがよく終わりは振るわないこと。

部首 漢字 読み

言 ごんべん

謁 エツ
国王にエッケンする。［謁見］
女王にハイエツする。［拝謁］

諭 ユ さと(す)
キョウユの職に就く。［教諭］
ユシ免職処分。［諭旨］

謹 キン つつし(む)
恩師にキンテイする。［謹呈］
キン厳実直な教師。［謹］

謙 ケン
ケンキョに反省する。［謙虚］
ケンジョウの美徳。［謙譲］

譜 フ
ガクフを読む。［楽譜］
先祖代々のケイフ。［系譜］

貝 かい・こがい

貞 テイ
テイシュクな妻。［貞淑］

貢 ク高 コウ みつ(ぐ)高
勝利にコウケンする。［貢献］
ネングを取り立てる。［年貢］

賓 ヒン
キヒンを茶会に招く。［貴賓］
コクヒンとして招く。［国賓］

貝 かいへん

賄 ワイ まかな(う)
役人へのゾウワイ。［贈賄］
シュウワイの容疑。［収賄］

賜 シ高 たまわ(る)
ご厚情をタマワる。［賜］

賠 バイ
損害のバイショウ。［賠償］

購 コウ
車をコウニュウする。［購入］
雑誌をコウドクする。［購読］

⻊ あしへん

践 セン
ジッセンに移す。［実践］

車 くるまへん

軟 ナン やわ(らか) やわ(らかい)
コウナン織り交ぜる。［硬軟］
ジュウナンに応じる。［柔軟］

轄 カツ
国がチョッカツする。［直轄］
市内をカンカツする。［管轄］

酉 とりへん

酌 シャク く(む)高
結婚のバイシャク人。［媒酌］
バンシャクを楽しむ。［晩酌］

四字熟語 謹厳実直（きんげんじっちょく）… つつしみ深く誠実で正直なこと。

部首 漢字 読み

とりへん 酉

酢 サク す
スブタをこしらえる。［酢豚］
サクサンの刺激臭。［酢酸］

酬 シュウ
ホウシュウを支払う。［報酬］
オウシュウが続く。［応酬］

酪 ラク
ラクノウを営む。［酪農］

酷 コク
コクヒョウされる。［酷評］
両者はコクジする。［酷似］

醜 シュウ みにく(い)
シュウタイを演じる。［醜態］
ビシュウは問わない。［美醜］

醸 ジョウ かも(す)高
ギンジョウ酒を造る。［吟醸］
酒をジョウセイする。［醸成］

かねへん 金

釣 チョウ高 つ(る)
ツり糸を垂らす。［釣］

鉢 ハチ ハツ高
ヒバチに手をかざす。［火鉢］
ハチマキを締める。［鉢巻］

鈴 リン レイ すず
ヨレイが鳴る。［予鈴］
庭でスズムシが鳴く。［鈴虫］

銃 ジュウ
ジュウソウを負う。［銃創］
リョウジュウの実弾。［猟銃］

銘 メイ
土地のメイカを買う。［銘菓］
最高級とメイウつ。［銘打］

もんがまえ 門

閑 カン
街がカンサンとする。［閑散］
ハンカンの差がある。［繁閑］

もんがまえ 門

閥 バツ
ハバツ争いが続く。［派閥］
ザイバツに成長する。［財閥］

あめかんむり 雨

雰 フン
和やかなフンイキ。［雰囲気］

霜 ソウ高 しも
シモヤけができる。［霜焼］
シモフりの牛肉。［霜降］

しょくへん 飠

飢 キ う(える)
キガに苦しむ。［飢餓］

四字熟語 静寂閑雅（せいじゃくかんが）… ひっそりしていて情緒があること。

せい 斉

斉 セイ
イッセイに走り出す。[一斉]
校歌の**セイショウ**。[斉唱]

斎 サイ
ショサイで執筆する。[書斎]
サイジョウでの葬儀。[斎場]

かわへん 革

靴 カ 高 くつ
クツズれが痛む。[靴擦]
カワグツを履く。[革靴]

おと 音

韻 イン
インリツを整える。[韻律]
ヨインを味わう。[余韻]

おおがい 頁

頑 ガン
ガンキョウな体つき。[頑強]
ガン固一徹な性格。[頑　]

頒 ハン
会報の**ハンカ**。[頒価]
試供品を**ハンプ**する。[頒布]

頻 ヒン
事故が**ヒンパツ**する。[頻発]
ヒンシュツする問題。[頻出]

顕 ケン
月が**インケン**する。[隠顕]
悪事が**ロケン**する。[露顕]

うま 馬

騰 トウ
株価の**キュウトウ**。[急騰]
地価が**トウキ**する。[騰貴]

うまへん 馬

駄 ダ
ダブンを連ねる。[駄文]
ダベンに閉口する。[駄弁]

りゅう 竜

竜 リュウ たつ
リュウ頭蛇尾になる。[竜　]
タツマキが発生する。[竜巻]

あさ 麻

麻 マ あさ
快刀乱**マ**の活躍。[麻　]
マスイの注射を打つ。[麻酔]

四字熟語 頑固一徹（がんこいってつ）… 一度決めたら意地をはって押し通すこと。

補習授業❷

直前チェック！

試験の直前でも得点力UPできる
「四字熟語」と「部首」を
頻出ランキング順に対策しましょう。

試験直前チェック
総まとめ

四字熟語［出る順］ランキング

よく出る順に
総チェック！
赤シートを使って
覚えよう！

	［四字熟語］	［意味］
1	比翼連理《ひよくれんり》	男女が仲むつまじいことのたとえ。
2	驚天動地《きょうてんどうち》	世間を大いにおどろかせること。
3	南船北馬《なんせんほくば》	各地へ旅をすること。
4	物情騒然《ぶつじょうそうぜん》	世間がさわがしいこと。
5	悠悠自適《ゆうゆうじてき》	のんびりと心のままに過ごすこと。
6	謹厳実直《きんげんじっちょく》	つつしみ深く誠実で正直なこと。
7	沈思黙考《ちんしもっこう》	だまって深く考えこむこと。

	［四字熟語］	［意味］
8	多岐亡羊《たきぼうよう》	多くの方針があり選択に迷うこと。
9	周知徹底《しゅうちてってい》	広く知れ渡るようにすること。
10	普遍妥当《ふへんだとう》	すべてのものにあてはまること。
11	優勝劣敗《ゆうしょうれっぱい》	強者が栄え弱者が滅びること。
12	栄枯盛衰《えいこせいすい》	人や家などが栄えたり衰えたりすること。
13	禍福得喪《かふくとくそう》	災いや幸福にあったり、成功して出世したり地位を失うこと。
14	徹頭徹尾《てっとうてつび》	最初から最後まで貫くこと。

	［四字熟語］	［意味］
15	天下泰平《てんかたいへい》	世の中が治まり、穏やかな様子。
16	千紫万紅《せんしばんこう》	さまざまな色の花が咲き乱れるさま。
17	外柔内剛《がいじゅうないごう》	外見は穏やかそうでも意志は強いこと。
18	愛別離苦《あいべつりく》	愛する者と生別・死別するつらさ。
19	少壮気鋭《しょうそうきえい》	若くて意気盛んであること。
20	巧遅拙速《こうちせっそく》	上手で遅いより、下手でも速いほうがよいということ。
21	心頭滅却《しんとうめっきゃく》	心の中の雑念を取り去ること。

㉒ 英俊豪傑《えいしゅんごうけつ》
大勢の中で優れた人。

㉓ 色即是空《しきそくぜくう》
世に存在するものはすべて実体がなく、一切は空であるという仏教の教え。

㉔ 尋常一様《じんじょういちよう》
いたって普通な様子。

㉕ 神出鬼没《しんしゅつきぼつ》
すばやく現れたり消えたりすること。

㉖ 群雄割拠《ぐんゆうかっきょ》
多くの実力者が対立しあうこと。

㉗ 主客転倒《しゅかくてんとう》
立場や順序などが逆転すること。

㉘ 人面獣心《じんめんじゅうしん》
冷酷で、人の恩や情けを知らない人。義理人情をわきまえない人。

㉙ 信賞必罰《しんしょうひつばつ》
功績があれば必ずほめたたえ、罪過があれば必ず制裁すること。

㉚ 呉越同舟《ごえつどうしゅう》
仲の悪い者どうしが同じ場所にいること。

㉛ 隠忍自重《いんにんじちょう》
苦しみなどをじっとこらえ軽々しい行動をしないこと。

㉜ 粗衣粗食《そいそしょく》
質素な暮らしのたとえ。

㉝ 吉凶禍福《きっきょうかふく》
運勢や縁起などのよしあし。幸いと災い。

㉞ 勧善懲悪《かんぜんちょうあく》
善行を奨励して悪行をこらしめること。

㉟ 和洋折衷《わようせっちゅう》
日本と西洋の様式を取り合わせること。

㊱ 附和雷同《ふわらいどう》
自分に定見がなく、他の説に軽々しく賛成すること。

㊲ 気宇壮大《きうそうだい》
心構えや発想などが大きくて立派なこと。

㊳ 薄志弱行《はくしじゃっこう》
意志が弱く、実行力に欠けること。

㊴ 時節到来《じせつとうらい》
よい機会が巡ってくること。

㊵ 厚顔無恥《こうがんむち》
ずうずうしくて恥知らずなさま。

㊶ 怒髪衝天《どはつしょうてん》
髪が逆立つほど激しくいかる様子。

㊷ 鬼面仏心《きめんぶっしん》
怖そうに見えて、実は非常に優しく穏やかであること、またそのような人。

㊸ 酔生夢死《すいせいむし》
何もせず生涯をぼんやり過ごすこと。

㊹ 当意即妙《とういそくみょう》
状況に応じ、その場ですぐに機転をきかせること。

㊺ 朝令暮改《ちょうれいぼかい》
命令がよく変わって一定ではないこと。

㊻ 難攻不落《なんこうふらく》
攻撃するのがむずかしく容易に陥落しないこと。

㊼ 支離滅裂《しりめつれつ》
言動などに統一性がない様子。

㊽ 勢力伯仲《せいりょくはくちゅう》
力が接近していて優劣のつけにくいさま。

[四字熟語]	[意味]
49 堅忍不抜《けんにんふばつ》	我慢強く堪えて志を変えないこと。
50 異端邪説《いたんじゃせつ》	正統からはずれた見方や立場のこと。
51 故事来歴《こじらいれき》	物事の由来、言い伝え。
52 山紫水明《さんしすいめい》	山や川などの自然の風景が、清らかで美しい様子。
53 熟慮断行《じゅくりょだんこう》	よく考えたうえで思い切って実行すること。
54 百戦錬磨《ひゃくせんれんま》	多くの実戦に参加して経験を積み、鍛えられていること。
55 面目躍如《めんもくやくじょ》	世間の評価を上げ、目をひくさま。
56 思慮分別《しりょふんべつ》	深く考えて判断すること。
57 鼓舞激励《こぶげきれい》	大いに励まし気をふるいたたすこと。

[四字熟語]	[意味]
58 雲散霧消《うんさんむしょう》	あとかたもなく消えてなくなること。
59 孤立無援《こりつむえん》	ひとりぼっちで頼るものがないこと。
60 円転滑脱《えんてんかつだつ》	物事をそつなくとりしきる様子。
61 五里霧中《ごりむちゅう》	物事の手がかりをつかめず困惑すること。
62 孤軍奮闘《こぐんふんとう》	他人の助けは借りず、ひとりで頑張ること。
63 夏炉冬扇《かろとうせん》	役に立たないもののたとえ。
64 良風美俗《りょうふうびぞく》	善良で美しい習慣やしきたり。
65 危機一髪《ききいっぱつ》	きわめて危ない瀬戸際。
66 傍若無人《ぼうじゃくぶじん》	勝手気ままに行動すること。周囲を考えず、遠慮なしに振る舞うこと。

[四字熟語]	[意味]
67 鶏口牛後《けいこうぎゅうご》	大国に従うより小国の王でいるほうがよいということ。
68 一網打尽《いちもうだじん》	悪党などを一度に全員捕らえること。
69 衆口一致《しゅうこういっち》	多くの人の意見が一つになること。
70 無為自然《むいしぜん》	人手を加えず、あるがままにまかせること。
71 美辞麗句《びじれいく》	うわべを飾り立てた内容のない言葉。
72 初志貫徹《しょしかんてつ》	初めの考えや希望を最後までつらぬき通すこと。
73 旧態依然《きゅうたいいぜん》	昔のままで少しも進歩しないこと。
74 質実剛健《しつじつごうけん》	飾りけがなく真面目で心身ともにたくましいこと。
75 東奔西走《とうほんせいそう》	四方八方を忙しく駆け回るさま。

76 同床異夢《どうしょういむ》
仲間でも意見や目的が違うこと。

77 延命息災《えんめいそくさい》
寿命をのばして無事でいること。

78 遺憾千万《いかんせんばん》
思い通りにいかず大変残念なこと。

79 暗雲低迷《あんうんていめい》
何かが起こりそうな前途不安な状態が続くさま。

80 首尾一貫《しゅびいっかん》
最初から最後まで考えなどが変わらないこと。

81 七転八倒《しちてんばっとう》
激しい苦痛にのたうち回って苦しむこと、またそのような混乱状態のこと。

82 無為徒食《むいとしょく》
何もしないで、無駄に日々を過ごすこと。

83 好機到来《こうきとうらい》
うってつけのチャンスが訪れること。

84 朝三暮四《ちょうさんぼし》
目先の違いにこだわり、本質を理解していないこと。

85 極楽浄土《ごくらくじょうど》
阿弥陀仏がいるとされる安らかな世界。

86 新進気鋭《しんしんきえい》
新たにその分野に現れ、勢いが盛んなこと。

87 狂喜乱舞《きょうきらんぶ》
躍り上がるほど大喜びする様子。

88 是非善悪《ぜひぜんあく》
善いことと悪いこと。

89 換骨奪胎《かんこつだったい》
先人の作品の形式を生かしつつ新たな工夫を加え独自のものを作ること。

90 威風堂堂《いふうどうどう》
近寄りがたいほどおごそかで立派な様子。

91 冠婚葬祭《かんこんそうさい》
元服（冠）・結婚（婚）・葬式（葬）・祖先の祭礼（祭）の四大礼式。

92 歌舞音曲《かぶおんぎょく》
歌や踊り、楽器演奏などをすること。

93 笑止千万《しょうしせんばん》
このうえなくばかばかしいこと。

94 誇大妄想《こだいもうそう》
自己を過大に評価し、それを事実のように思いこむこと。

95 免許皆伝《めんきょかいでん》
技などの極意を伝えること。

96 才色兼備《さいしょくけんび》
女性が才能と美しい容姿に恵まれること。

97 竜頭蛇尾《りゅうとうだび》
初めは勢いがよいが、終わりは振るわないこと。

98 一罰百戒《いちばつひゃっかい》
一人をこらしめることで人々を戒めること。

99 疾風迅雷《しっぷうじんらい》
行動がすばやく激しい様子。

100 安寧秩序《あんねいちつじょ》
社会が平穏で、安定していること。

101 力戦奮闘《りきせんふんとう》
力の限り努力すること。

102 真実一路《しんじついちろ》
うそいつわりのない誠を追い求めること。

四字熟語	意味
103 深山幽谷《しんざんゆうこく》	人里離れた静かな自然。
104 奮励努力《ふんれいどりょく》	気力をふるいおこして励むこと。
105 百鬼夜行《ひゃっきやこう》	悪人が自分勝手にのさばりはびこるたとえ。
106 金城湯池《きんじょうとうち》	攻められにくく守りが非常に堅いこと。
107 要害堅固《ようがいけんご》	防備がかたく、容易には破られないこと。
108 軽挙妄動《けいきょもうどう》	是非をわきまえず軽はずみに振る舞うこと。
109 一念発起《いちねんほっき》	あることを成し遂げようと決意すること。
110 一日千秋《いちじつせんしゅう》	大変待ち遠しいことのたとえ。
111 腐敗堕落《ふはいだらく》	精神が乱れて、身をもち崩すこと。

四字熟語	意味
112 温厚篤実《おんこうとくじつ》	穏やかであたたかく誠実なこと。
113 眺望絶佳《ちょうぼうぜっか》	すばらしい見晴らし。
114 浅学非才《せんがくひさい》	学識があさく能力や知恵が乏しいこと。
115 率先垂範《そっせんすいはん》	先に立って手本を示すこと。
116 縦横無尽《じゅうおうむじん》	思う存分自由にふるまう様子。
117 前途有望《ぜんとゆうぼう》	将来に向けて望みがあること。
118 一知半解《いっちはんかい》	十分に理解していないこと。中途半端な知識。
119 一挙両得《いっきょりょうとく》	一つのことで同時に二つの利益を得ること。
120 妙計奇策《みょうけいきさく》	すぐれたはかりごと。

四字熟語	意味
121 胆大心小《たんだいしんしょう》	大胆でありながら、注意は細かく払うべきこと。
122 論旨明快《ろんしめいかい》	議論の要点がわかりやすいこと。
123 前途洋洋《ぜんとようよう》	将来が希望に満ちていること。
124 意志薄弱《いしはくじゃく》	意志が弱くて決断力や忍耐力に欠けること。
125 暗中模索《あんちゅうもさく》	手がかりがないまま、あれこれやってみること。
126 佳人薄命《かじんはくめい》	美人は不幸なことが多く、命が短いということ。
127 抱腹絶倒《ほうふくぜっとう》	腹を抱えてひっくり返るほど笑うこと、またそのさま。
128 無味乾燥《むみかんそう》	味わいやおもしろみに欠けること。
129 先憂後楽《せんゆうこうらく》	政治を行う者は民より先に心配し、楽しみは民の後にするべきという戒め。

130 気炎万丈《きえんばんじょう》
気力に満ち、非常に意気盛んなこと。また、激しく議論を闘わせること。

131 晴耕雨読《せいこううどく》
田園で閑居する自適の暮らし。

132 有象無象《うぞうむぞう》
数ばかり多くて、役に立たないもの。その他大勢をさげすんでいう言葉。

133 器用貧乏《きようびんぼう》
なまじ器用で大成しないこと。

134 博学多才《はくがくたさい》
知識が豊富で才能に恵まれていること。

135 一汁一菜《いちじゅういっさい》
質素な食事のたとえ。

136 不即不離《ふそくふり》
つかずはなれずの関係にあること。

137 公序良俗《こうじょりょうぞく》
社会を正すきまりと善良なならわし。

138 泰然自若《たいぜんじじゃく》
落ち着きはらって物事に動じない様子。

139 陣頭指揮《じんとうしき》
長たる者が、現場で先頭に立ち部下を指図すること。

140 機略縦横《きりゃくじゅうおう》
策略を状況に応じて自在にめぐらし用いること。

141 意気消沈《いきしょうちん》
元気を失い、しょげてしまうこと。

142 勇猛果敢《ゆうもうかかん》
勇ましくて力強く、決断力に富むこと。

143 刻苦勉励《こっくべんれい》
苦労してひたすら努力を積むこと。

144 粉骨砕身《ふんこつさいしん》
力の限り努力すること。

145 離合集散《りごうしゅうさん》
協力したり反目したりすること。

146 馬耳東風《ばじとうふう》
人の言葉を聞き流すこと。

147 深謀遠慮《しんぼうえんりょ》
先々のことまで考えたはかりごと。

148 青息吐息《あおいきといき》
非常に困ったり苦しんだりする状態。

149 薄利多売《はくりたばい》
少ない利益で品物を多く売る商法。

150 孤城落日《こじょうらくじつ》
昔の勢いを失い心細い様子。

151 流言飛語《りゅうげんひご》
根拠のないでたらめなうわさ。

152 巧言令色《こうげんれいしょく》
口先がうまく、愛想よく人にへつらうこと。

153 闘志満満《とうしまんまん》
負かそうとする意気込みが盛んな様子。

154 汗牛充棟《かんぎゅうじゅうとう》
蔵書が非常に多いことのたとえ。

155 一刻千金《いっこくせんきん》
短い一時が千金にも値するほど貴重であること。

156 諸行無常《しょぎょうむじょう》
この世ははかないという仏教の思想。

部首［出る順］ランキング

	［漢字］	［部首（部首名）］
1	褒	衣（ころも）
2	畝	田（た）
3	丙	一（いち）
4	臭	自（みずから）
5	窯	穴（あなかんむり）
6	升	十（じゅう）
7	栽	木（き）
8	軟	車（くるまへん）
9	甚	甘（かん）
10	虞	虍（とらがしら）
11	爵	爫（つめかんむり）
12	斉	斉（せい）
13	亭	亠（なべぶた）
14	亜	二（に）
15	喪	口（くち）
16	戻	戸（とだれ）
17	呉	口（くち）
18	帥	巾（はば）
19	泰	氺（したみず）
20	衡	行（ぎょうがまえ）
21	且	一（いち）
22	殉	歹（かばねへん）
23	叙	又（また）
24	奔	大（だい）
25	蛍	虫（むし）
26	嗣	口（くち）
27	再	冂（どうがまえ）
28	磨	石（いし）
29	彰	彡（さんづくり）
30	昆	日（ひ）
31	摩	手（て）
32	充	儿（ひとあし）
33	瓶	瓦（かわら）
34	賓	貝（かい）
35	麻	麻（あさ）
36	耗	耒（すきへん）
37	缶	缶（ほとぎ）
38	薫	艹（くさかんむり）
39	恭	㣺（したごころ）
40	崇	山（やま）
41	殻	殳（るまた）
42	庸	广（まだれ）
43	虜	虍（とらがしら）
44	累	糸（いと）
45	効	力（ちから）
46	扉	戸（とだれ）
47	韻	音（おと）
48	竜	竜（りゅう）
49	衷	衣（ころも）
50	弔	弓（ゆみ）
51	勅	力（ちから）
52	寧	宀（うかんむり）
53	凸	凵（うけばこ）
54	呈	口（くち）
55	街	行（ぎょうがまえ）
56	羅	罒（あみがしら）

よく出る順に
総チェック！
赤シートを使って
覚えよう！

[漢字]　[部首（部首名）]

57 尼 尸 （かばね）
58 弊 廾 （こまぬき）
59 癒 疒 （やまいだれ）
60 翁 羽 （はね）
61 刃 刀 （かたな）
62 翻 羽 （はね）
63 妥 女 （おんな）
64 辱 辰 （しんのたつ）
65 舌 舌 （した）
66 閥 門 （もんがまえ）
67 献 犬 （いぬ）
68 兆 儿 （ひとあし）
69 享 亠 （なべぶた）
70 窃 穴 （あなかんむり）
71 衰 衣 （ころも）
72 尉 寸 （すん）

[漢字]　[部首（部首名）]

73 囚 囗 （くにがまえ）
74 版 片 （かたへん）
75 遮 辶 （しんにょう）
76 宵 宀 （うかんむり）
77 朱 木 （き）
78 幾 幺 （いとがしら）
79 釈 釆 （のごめへん）
80 款 欠 （あくび）
81 衝 行 （ぎょうがまえ）
82 既 旡 （すでのつくり）
83 尿 尸 （かばね）
84 廷 廴 （えんにょう）
85 凹 凵 （うけばこ）
86 朴 木 （きへん）
87 准 冫 （にすい）
88 罷 罒 （あみがしら）

[漢字]　[部首（部首名）]

89 壱 士 （さむらい）
90 辛 辛 （からい）
91 宜 宀 （うかんむり）
92 徹 彳 （ぎょうにんべん）
93 音 音 （おと）
94 煩 火 （ひへん）
95 募 力 （ちから）
96 堪 土 （つちへん）
97 迭 辶 （しんにょう）
98 斗 斗 （とます）
99 虚 虍 （とらがしら）
100 辞 辛 （からい）
101 赴 走 （そうにょう）
102 玄 玄 （げん）
103 閑 門 （もんがまえ）
104 誉 言 （げん）

[漢字]　[部首（部首名）]

105 虐 虍 （とらがしら）
106 匠 匸 （はこがまえ）
107 革 革 （かくのかわ）
108 凡 几 （つくえ）
109 扇 戸 （とだれ）
110 疑 疋 （ひき）
111 斤 斤 （きん）
112 雇 隹 （ふるとり）
113 叔 又 （また）
114 豆 豆 （まめ）
115 雰 雨 （あめかんむり）
116 碁 石 （いし）
117 鶏 鳥 （とり）
118 窮 穴 （あなかんむり）
119 旋 方 （ほうへん）
120 武 止 （とめる）

	[漢字]	[部首(部首名)]
121	吏	口 (くち)
122	卑	十 (じゅう)
123	戒	戈 (ほこづくり)
124	痢	疒 (やまいだれ)
125	薦	艹 (くさかんむり)
126	酢	酉 (とりへん)
127	宰	宀 (うかんむり)
128	隷	隶 (れいづくり)
129	青	青 (あお)
130	衛	行 (ぎょうがまえ)
131	塑	土 (つち)
132	克	儿 (ひとあし)
133	鬼	鬼 (おに)
134	秀	禾 (のぎ)
135	麗	鹿 (しか)
136	靴	革 (かわへん)

	[漢字]	[部首(部首名)]
137	唇	口 (くち)
138	酌	酉 (とりへん)
139	致	至 (いたる)
140	索	糸 (いと)
141	掌	手 (て)
142	寡	宀 (うかんむり)
143	舟	舟 (ふね)
144	夢	夕 (た)
145	痴	疒 (やまいだれ)
146	我	戈 (ほこづくり)
147	矛	矛 (ほこ)
148	逸	辶 (しんにょう)
149	遵	辶 (しんにょう)
150	遷	辶 (しんにょう)
151	裏	衣 (ころも)
152	逓	辶 (しんにょう)

	[漢字]	[部首(部首名)]
153	術	行 (ぎょうがまえ)
154	慕	㣺 (したごころ)
155	駄	馬 (うまへん)
156	艇	舟 (ふねへん)
157	斤	斤 (きん)
158	幣	巾 (はば)
159	頻	頁 (おおがい)
160	了	亅 (はねぼう)
161	督	目 (め)
162	墾	土 (つち)
163	淑	氵 (さんずい)
164	頑	頁 (おおがい)
165	甲	田 (た)
166	妄	女 (おんな)
167	伐	亻 (にんべん)
168	履	尸 (かばね)

	[漢字]	[部首(部首名)]
169	疫	疒 (やまいだれ)
170	逝	辶 (しんにょう)
171	鳥	鳥 (とり)
172	卵	卩 (わりふ)
173	漸	氵 (さんずい)
174	盲	目 (め)
175	更	曰 (ひらび)
176	甘	甘 (かん)
177	首	首 (くび)
178	舞	舛 (まいあし)
179	赤	赤 (あか)
180	丹	丶 (てん)
181	逐	辶 (しんにょう)
182	乏	丿 (の)
183	漆	氵 (さんずい)
184	殿	殳 (るまた)

	[漢字]	[部首(部首名)]
185	奪	大 (だい)
186	貢	貝 (かい)
187	猶	犭 (けものへん)
188	欧	欠 (あくび)
189	還	辶 (しんにょう)
190	践	⻊ (あしへん)
191	準	氵 (さんずい)
192	粋	米 (こめへん)
193	礁	石 (いしへん)
194	畜	田 (た)
195	般	舟 (ふねへん)
196	奨	大 (だい)
197	漠	氵 (さんずい)
198	矯	矢 (やへん)
199	豪	豕 (ぶた)
200	馬	馬 (うま)

	[漢字]	[部首(部首名)]
201	企	人 (ひとやね)
202	頒	頁 (おおがい)
203	真	目 (め)
204	面	面 (めん)
205	魔	鬼 (おに)
206	邸	阝 (おおざと)
207	崎	山 (やまへん)
208	膨	月 (にくづき)
209	腐	肉 (にく)
210	突	穴 (あなかんむり)
211	患	心 (こころ)
212	美	羊 (ひつじ)
213	撤	扌 (てへん)
214	剖	刂 (りっとう)
215	義	羊 (ひつじ)
216	壌	土 (つちへん)

	[漢字]	[部首(部首名)]
217	延	廴 (えんにょう)
218	慰	心 (こころ)
219	髄	骨 (ほねへん)
220	威	女 (おんな)
221	傑	亻 (にんべん)
222	謁	言 (ごんべん)
223	窒	穴 (あなかんむり)
224	嚇	口 (くちへん)
225	窓	穴 (あなかんむり)
226	憲	心 (こころ)
227	盗	皿 (さら)
228	麦	麦 (むぎ)
229	互	二 (に)
230	暦	日 (ひ)
231	童	立 (たつ)
232	乗	丿 (の)

著者

岡野秀夫　おかの ひでお

システムコンサルタント。中央省庁のWEBサイト、都市銀行のインターネットバンキング、携帯電話会社の基幹システム、大手文具通信販売サイトなど数多くのシステム開発プロジェクトに参画する一方、最新の教育理論を取り入れ効率的な記憶学習を実現したe-learning(パソコン上での学習)システムを独自に開発。漢字検定のほか英語検定、運転免許学科試験、宅建、行政書士など各種資格試験の学習コンテンツを無料公開し、多くの個人・法人から支持されている。

〈著書〉

『5時間で合格！漢検２級[超頻出]ドリル　改訂版』『同３級』『英検®でる単　２級』『同準２級』『同３級』『同４級』『同５級』（高橋書店）

【漢字検定・漢検WEB練習問題集】　URL　http://www.kanjihakase.com/

※「漢字検定」「漢検」は、公益財団法人 日本漢字能力検定協会の登録商標です。

※字体や部首の採点は、日本漢字能力検定協会発行の『漢検　漢字辞典』『漢検要覧　2〜10級対応』に示すものを正解とする漢検の基準に従っています。

受検をお考えの方は、必ずご自身で公益財団法人 日本漢字能力検定協会の発表する最新情報をご確認ください。
ホームページ：https://www.kanken.or.jp/kanken/
【試験に関する問い合わせ】
・ホームページ(問い合わせフォーム)：**https://www.kanken.or.jp/kanken/contact/**
・電話：**0120-509-315**

5時間で合格！

漢検準2級[超頻出]ドリル　改訂版

著　者　岡野秀夫
発行者　高橋秀雄
編集者　根本真由美
発行所　**株式会社 高橋書店**
〒170-6014 東京都豊島区東池袋3-1-1 サンシャイン60 14階
電話　03-5957-7103

ISBN978-4-471-27562-4

本書の内容についてのご質問は「書名、質問事項(ページ、内容)、お客様のご連絡先」を明記のうえ、郵送、FAX、ホームページお問い合わせフォームから小社へお送りください。
回答にはお時間をいただく場合がございます。また、電話によるお問い合わせ、本書の内容を超えたご質問にはお答えできませんので、ご了承ください。本書に関する正誤等の情報は、小社ホームページもご参照ください。

【内容についての問い合わせ先】
書　面　〒170-6014 東京都豊島区東池袋3-1-1 サンシャイン60 14階　高橋書店編集部
F A X　03-5957-7079
メール　小社ホームページお問い合わせフォームから　(https://www.takahashishoten.co.jp/)

【不良品についての問い合わせ先】
ページの順序間違い・抜けなど物理的欠陥がございましたら、電話03-5957-7076へお問い合わせください。
ただし、古書店等で購入・入手された商品の交換には一切応じられません。